그리스도인의 예배

이문선 지음 • 두루제자훈련원 편

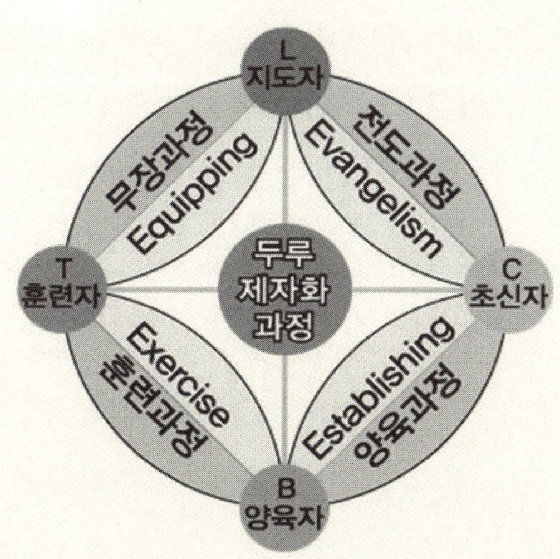

엔크리스토
ENCHRISTO

"예수께서 모든 도시와 마을에 두루 다니사
그들의 회당에서 가르치시며
천국 복음을 전파하시며
모든 병과 모든 약한 것을 고치시니라"

(마 9:35)

두루제자훈련원(두루선교회)은
예수님이 모든 도시와 마을에 두루 다니사
가르치시며(teaching ministry)
전파하시며(preaching ministry)
고치시는(healing ministry)
사역을 하신 것을 통하여
두루선교에 대한 비전을 가지고 사역하고 있다.

···두루제자훈련 교재를 발간하며

주님께서 우리에게 부탁하신 지상명령은 이 땅 위에 하나님의 나라를 확장하라는 것입니다.

하나님의 나라를 확장하려면 평신도들이 재생산하는 주님의 제자가 되어야 합니다.

주님의 교회는 성도들을 재생산하는 제자로 훈련시켜야 합니다.

이것은 교회 성장을 넘어 교회보다 더 큰 개념인 하나님 나라의 확장을 이루기 위한 것입니다. 우리는 지상명령을 실천하기 위하여 평신도를 무장하려고 합니다.

이 일을 위한 방편으로 그 동안 교회의 목회 현장에서 목회자들과 성도들과 청년들과 함께 공부해 오던 내용들을 정리하여 부족하지만 교재로 출간하게 되었습니다.

본인의 경우 부교역자 때 처음 청년부에 적용해 보았는데 그들이 예수님을 영접하고 말씀을 열심히 배우고 교회로 돌아오고 변화되는 것을 경험하였습니다.

교회를 개척하여 장년부에도 적용하여 보았는데 기존 교인들보다 오히려 초신자들이 더 열심히 배우고 빠르게 성장하는 것을 경험하였습니다.

고등학생 두 명을 데리고 제자성경공부를 시작하였는데 이들이 크게 성장하여 이후 대학에 들어가 캠퍼스에서 제자훈련을 실시하게 되었습니다.

복음을 듣고 교회 출석하여 6개월만에 학습 받고 캠퍼스 리더로 사역하는 모델도 나왔습니다. 큰 교회는 말할 것도 없거니와 작은 교회는 한번 실시해 보기를 권합니다.

개척교회라 사람이 없으면 여자반, 남자반, 청년반, 학생반 네 반을 만들어 각 반에 최소 두 명으로 시작해 볼 것을 권합니다. 교회가 건강하게 성장하고 성도들이 행복하게 신앙 생활하며 재생산하는 것을 경험하게 될 것입니다.

하나님께서 훈련되고 무장된 성도들을 구름 떼와 같이 일으키셔서 하나님의 나라가 크게 확장되어 가기를 소망합니다.

2006. 새해 아침에

이문선(Moon Sun Lee)

>>목회자반

사역자로서 늘 반복해서 드리는 예배생활이지만 신앙생활에 실제적인 과목들을 구체적이고 체계적으로 공부할 수 있어서 매우 유익했습니다. 매너리즘에 빠져서 형식화 될 수 있었던 부분을 체크해 주셔서 새롭게 도전을 받았습니다.

물론 성도들을 양육하는데 많은 도움이 될 줄로 압니다.

교회 안에서 이번에 공부한 과목들만 바로 알고 의미 깊게 시행하고 생활화한다면 하나님이 기뻐하시고 받으실만한 우리의 모습이 될 줄로 믿습니다.

또한 교회도 건강하고 바르게 성숙해 갈 수 있을 것 같습니다.

한층 성숙해 가는 제 자신의 모습을 느낄 때마다 인도해 주신 하나님께 감사드립니다.

>>평신도반

양육 5단계에서는 그리스도인이 평생에 걸쳐 하고 있거나 혹은 해야만 하는 예배의 요소들에 대해서 공부했다.

주일성수, 성례 헌금, 주기도문, 사도신경, 십계명 등 우리가 예배 때마다 수없이 많이 반복해 왔지만 그 속에 포함된 정확한 정신이나 의미는 알지 못한 채 그저 습관적으로 하는 예배의 한 순서 정도로만 생각해 왔던 게 사실이다.

하지만 이 과를 공부하면서 예배란 나의 삶 전체를 주님께 드리는 것이며 온전한 주일성수를 위해서는 토요일부터 기도하며 준비해야 하고 헌금은 구원의 은총에 감사한 응답으로서 드리는 것임과 기도의 모범인 주기도문을 통해서는 나의 기도가 하나님의 나라를 위한 기도가 되어야 함을 알게 되었다. 나의 잘못된 예배의 모습을 반성하게 되었고 어떤 예배를 드려야 하는지 확실히 알게 되었다.

제5권 150 제자양육과정 5단계
그리스도인의 예배
공동체 예배의 원리와 예배의 여러 가지 요소들의
의미가 무엇인지를 구체적으로 공부한다.

1. 성령의 인도하심과 깨닫게 해 주시기를 위해 기도하십시오.

2. 결석과 지각을 하지 않고 성실히 참석하도록 하십시오.

3. 예습과 복습을 철저히 하십시오.

4. 각 참고 구절의 배경과 의미를 파악하십시오.

5. 토의에 적극 참여하도록 하십시오.

6. 열린 마음으로 정답이 아니라 자신의 생각을 나누십시오.

7. 작은 실천을 구체적으로 적용하십시오.

8. 적용한 것을 실천하기 위해 기도하십시오.

9. 지식적인 성경공부보다 인격과 삶의 변화에 힘쓰십시오.

10. 각 과의 소감과 깨달은 말씀을 정리해 놓으십시오.

11. 과제를 철저히 하는 습관을 기르십시오.

12. 매일 경건 생활을 훈련하는 습관을 기르십시오.

1. 주일성수

"그 주간의 첫날에 우리가 떡을 떼려 하여 모였더니 바울이 이튿날 떠나고자 하여 그들에게 강론할새 말을 밤중까지 계속하매" (행 20:7)

1

주일성수란 주일을 거룩히 지킨다는 말입니다.

주일은 주님의 날로서 구별하여 거룩하게 지켜야 합니다.

우리의 신앙의 선배들은 주일성수를 위해 목숨을 걸었습니다.

(히 10:25) 모이기를 폐하는 어떤 사람들의 습관과 같이 하지 말고 오직 권하여 그 날이 가까움을 볼수록 더욱 그리하자

모이는 것도 습관이고 모이지 않는 것도 습관입니다.

교회는 모이는 공동체로서 모이지 않는 교회는 무너질 수밖에 없습니다.

그리스도인들은 수천년 동안 지켜 오던 안식일 대신에 예수님의 부활을 기념하여 지금까지 주일을 지켜 오고 있습니다.

그럼 안식일과 주일의 관계는 무엇이고 주일을 어떻게 지켜야겠습니까?

1. 용어

안식일은 일곱째 날이라고도 합니다.

주일은 안식 후 첫날, 여드렛날, ____ 날, 일요일, 부활의 날이라고도
합니다.

안식이란 '그치다', '그만두다', '쉬다' 에서 나온 말로 ____ 날입니다.

주일은 예수님이 부활하신 날로 주님의 날을 말합니다.

2. 언제 어디서 시작되었습니까?

(창 2:2) 하나님이 그가 하시던 일을 일곱째 날에 마치시니 그가 하시던 모든 일
을 그치고 일곱째 날에 안식하시니라

인간에게 주신 최초의 ____ 규례 가운데 하나가 안식일의 규례입니다.

(출 16:23) 내일은 휴일이니 여호와께 거룩한 안식일이라 너희가 구울 것은 굽고
삶을 것은 삶고 그 나머지는 다 너희를 위하여 아침까지 간수하라

______이 주어지기 전부터 안식일 제도가 있었습니다.

그런데 시내산에서 언약을 맺으면서 십계명으로 주어졌습니다.

안식일은 인류 최초부터 제정되었고 모든 세대를 위해 주어진 도덕적
인 법이며 항구적인 법입니다.

(요 20:19) 이 날 곧 안식 후 첫날 저녁 때에 제자들이 유대인들을 두려워하여
모인 곳의 문들을 닫았더니 예수께서 오사 가운데 서서 이르시되 너희에게 평강
이 있을지어다

제자들이 안식 후 첫날 저녁에 모였을 때에 부활하신 예수님이 찾아와
만나주셨습니다. 주일은 예수님의 ____로 생겨났습니다.

3. 안식일과 주일이란 무엇입니까?

하나님께서 엿새 동안 우주만물을 창조하시고 제 7일에 쉬셨습니다.

그러므로 안식일은 하나님의 ____를 기념하는 날입니다.

(신 5:15) 너는 기억하라 네가 애굽 땅에서 종이 되었더니 네 하나님 여호와가 강한 손과 편 팔로 거기서 너를 인도하여 내었나니 그러므로 네 하나님 여호와가 네게 명령하여 안식일을 지키라 하느니라

출애굽 한 이후에는 구속이 추가되어 창조와 구속을 아울러 기념하였습니다.

(출 20:10) 제 칠 일은 너의 하나님 여호와의 안식일인즉

안식일은 여호와의 안식일로 우리의 날이 아니라 하나님의 날입니다.

(출 31:15) 일곱째 날은 큰 안식일이니 여호와께 거룩한 것이라

안식일은 성일로 거룩한 날입니다.

(창 2:2) 하나님이 그가 하시던 일을 일곱째 날에 마치시니 그가 하시던 모든 일을 그치고 일곱째 날에 안식하시니라

하나님이 쉬신 것처럼 우리들도 일에서 ＿＿＿하는 날입니다.

(사 66:23) 여호와가 말하노라 매월 초하루와 매 안식일에 모든 혈육이 내 앞에 나아와 예배하리라

안식일은 하나님의 창조와 구속을 감사하면서 하나님께 예배드리며 경배드리는 날입니다.

주일은 부활의 날로서 우리의 ＿＿＿을 성취하신 날이고 새창조의 날입니다.

예수님이 부활하심으로 그리스도 안에서 참된 안식을 누리게 되었습니다.

지금 여기서 주일을 지키는 것은 영원한 안식의 예표입니다.

여드렛날은 한 주간의 첫째 날로서 새로운 ＿＿＿의 날입니다.

주일은 성령님이 강림하신 날이기도 합니다.

4. 안식일에서 주일로 변경

안식일이 주일로 변경된 것은 부활 때문이었습니다.

(행 20:7) 그 주간의 첫날에 우리가 떡을 떼려 하여 모였더니 바울이 이튿날 떠나고자 하여 그들에게 강론할새 말을 밤중까지 계속하매

안식 후 첫날은 ___을 말하고 떡을 떼려 모였다는 것은 성만찬을 말합니다.

초대교회가 예배드리기 위해 주일에 모였던 최초의 기록으로 보입니다.

(고전 16:2) 매 주 첫날에 너희 각 사람이 수입에 따라 모아 두어서 내가 갈 때에 연보를 하지 않게 하라

바울은 주일에 연보를 하도록 명했습니다.

이미 그리스도 안에서 구약의 안식일은 의식법으로 성취되었습니다.

새 안식일인 주일을 지키므로 그림자를 지키지 않고 실체를 지킵니다.

구속 사역을 성취하신 부활의 날이 바로 영적 안식의 날입니다.

5. 안식일과 주일을 지켜야 할 이유

　1) 하나님이 ___으로 주셨기 때문입니다.

(출 20:8) 안식일을 기억하여 거룩하게 지키라

　2) 하나님도 안식하셨으니 하나님의 본을 받아 우리도 안식해야 합니다.

(창 2:2) 하나님이 그가 하시던 일을 일곱째 날에 마치시니 그가 하시던 모든 일을 그치고 일곱째 날에 안식하시니라

하나님을 ___하기 위하여 안식해야 합니다.

　3) 복 주시고 거룩하게 하신 날입니다.

(창 2:3) 하나님이 그 일곱째 날을 복되게 하사 거룩하게 하셨으니

　4) 언약의 ___으로 주어졌기 때문입니다.

(출 31:16) 이같이 이스라엘 자손이 안식일을 지켜서 그것으로 대대로 영원한 언약을 삼을 것이니 (출 31:17) 이는 나와 이스라엘 자손 사이에 영원한 표징이며

안식일을 지키지 않는 것은 언약을 지키지 않는 것입니다.

5) 예수님도 지키셨으니 우리도 지켜야 합니다.

(눅 4:16) 예수께서 그 자라나신 곳 나사렛에 이르사 안식일에 늘 하시던 대로 회당에 들어가사 성경을 읽으려고 서시매

우리는 안식일의 불연속성과 연속성을 보게 됩니다.

예수님의 부활로 의식법으로서의 안식일은 성취되었습니다.

안식일이 주일로 바뀌었어도 안식일의 법은 _______ 법으로서 그 정신 그대로 지금도 지켜져야 합니다.

6. 주일을 어떻게 지켜야 합니까?

1) 성경에서 안식일을 어떻게 지켰습니까?

• 소극적으로 하지 말아야 할 일

(출 20:10) 일곱째 날은 네 하나님 여호와의 안식일인즉 너나 네 아들이나 네 딸이나 네 남종이나 네 여종이나 네 가축이나 네 문안에 머무는 객이라도 아무 일도 하지 말라

(출 34:21) 엿새 동안 일하고 일곱째 날에는 쉴지니 밭 갈 때에나 거둘 때에도 쉴지며

(느 10:31) 혹시 이 땅 백성이 안식일에 물품이나 온갖 곡물을 가져다가 팔려고 할지라도 우리가 안식일이나 성일에는 그들에게서 사지 않겠고

(사 58:13) 만일 안식일에 네 발을 금하여 내 성일에 오락을 행하지 아니하고 안식일을 일컬어 즐거운 날이라, 여호와의 성일을 존귀한 날이라 하여 이를 존귀히 여기고 네 길로 행하지 아니하며 네 오락을 구하지 아니하며 사사로운 말을 하지 아니하면

• 적극적으로 해야 할 일

(막 6:2) 안식일이 되어 회당에서 가르치시니

(마 12:10) 한편 손 마른 사람이 있는지라 사람들이 예수를 고발하려 하여 물어

이르되 안식일에 병 고치는 것이 옳으니이까

(막 3:4) 그들에게 이르시되 안식일에 선을 행하는 것과 악을 행하는 것, 생명을 구하는 것과 죽이는 것, 어느 것이 옳으냐

(행 17:3) 뜻을 풀어 그리스도가 해를 받고 죽은 자 가운데서 다시 살아나야 할 것을 증언하고 이르되 내가 너희에게 전하는 이 예수가 곧 그리스도라 하니

(눅 13:16) 그러면 열여덟 해 동안 사탄에게 매인 바 된 이 아브라함의 딸을 안식일에 이 매임에서 푸는 것이 합당하지 아니하냐

2) 예배모범- 〈 주일을 거룩히 지킬 것 〉

① 주일을 기념하는 것은 사람의 당연한 의무이니 미리 육신의 모든 사업을 정돈하고 속히 준비하여 성경의 가르친 대로 그 날을 거룩히 함에 구애가 없게 하라.

② 이 날은 주일인즉 _______ 거룩히 지킬지니 공동 회집으로나 개체로 예배하는 일에 씀이 옳으며 종일토록 거룩히 안식하고 위급한 일 밖의 모든 사무와 육체적 쾌락의 일을 폐할지니 세상 염려와 속된 말도 금함이 옳다.

③ 먹을 것까지라도 미리 준비하고 이 날에는 가족이나 집안 사환으로 공동 예배하는 일과 주일을 거룩히 함에 구애가 되지 않도록 함이 옳다.

④ 주일 아침에는 개인으로나 혹 권속으로 자기와 다른 사람을 위하여 기도하되 특히 저희 목사가 봉직하는 가운데서 복 받기를 위하여 기도하고 성경을 연구하며 묵상하므로 공동 예배에 하나님과 교통하는 것을 준비하라.

⑤ 개회 때부터 일심 단합하므로 예배 전부에 참여하기 위하여 정한 시간에 일제히 회집함이 옳고 마지막 축복 기도할 때까지 특별한 연고 없이는 출입함이 옳지 않다.

⑥ 이와 같이 엄숙한 태도로 공식 예배를 마친 후에는 이 날 남은 시간

은 기도하며 영적 수양서를 읽되 특별히 성경을 공부하며 묵상하며 성경 문답을 교수하며 종교상 담화하며 시편과 찬송과 신령한 노래를 부를 것이요 병자를 방문하며 가난한 자를 구제하며 무식한 자를 가르치며 불신자에게 전도하며 경건하고 사랑하며 은혜로운 일을 행함이 옳다.

　3) ______ 주일성수를 하십시오.

① 토요일은 주일의 예비일로 주일의 성패는 토요일 준비에 달려 있습니다.

② 주일 새벽기도에 출석하여 기도로 주일을 거룩히 지키십시오.

③ 오후 찬양예배에도 참석하십시오.

④ 주일저녁에는 가족이 다함께 모여 ________를 드리십시오.

7. 안식일을 지키지 못한 결과와 지킨 결과

1) 지키지 못한 결과

(출 31:14) 너희는 안식일을 지킬지니 이는 너희에게 거룩한 날이 됨이니라 그 날을 더럽히는 자는 모두 죽일지며 그 날에 일하는 자는 모두 그 백성 중에서 그 생명이 끊어지리라

(겔 20:13) 나의 안식일을 크게 더럽혔으므로 내가 이르기를 내가 내 분노를 광야에서 그들에게 쏟아 멸하리라 하였으나

(렘 17:27) 너희가 나를 순종하지 아니하고 안식일을 거룩되게 아니하여 안식일에 짐을 지고 예루살렘 문으로 들어오면 내가 성문에 불을 놓아 예루살렘 궁전을 삼키게 하리니

(느 13:18) 그럼에도 불구하고 너희가 안식을 범하여 진노가 이스라엘에게 더욱 심하게 임하도록 하는도다 하고

2) 지킨 결과

(창 2:3) 하나님이 그 일곱째 날을 복되게 하사 거룩하게 하셨으니

(사 56:6) 안식일을 지켜 더럽히지 아니하며— 이방인마다 (사 56:7) 내가 곧 그들을 나의 성산으로 인도하여 기도하는 내 집에서 그들을 기쁘게 할 것이며 그들의 번제와 희생은 나의 제단에서 기꺼이 받게 되리니

(사 58:14) 네가 여호와의 안에서 즐거움을 얻을 것이라 내가 너를 땅의 높은 곳에 올리고 네 조상 야곱의 업으로 기르리라 여호와의 입의 말씀이니라

주일은 하나님의 창조와 예수님의 부활과 성령님의 _____을 기념하여 삼위일체 하나님께 감사하며 예배하는 날입니다.

1. 우리가 안식일을 지키지 않고 주일을 지키는 이유가 무엇입니까?

____

2. 안식일과 주일을 지키는 것의 차이는 무엇이고 같은 점은 무엇입니까?

____

3. 내가 주일성수를 온전히 하고 있지 못한다면 그 이유가 무엇입니까?
   주일성수를 온전히 하기 위해서는 어떻게 해야 되겠습니까?

____

4. 나는 주일성수를 위해 어떻게 준비하겠습니까?
   주일을 어떻게 보낼 것인지 구체적인 계획을 세워보십시오.

____

이 과를 마치면서

1. 각종 시험과 행사가 주일에 실시되지 않도록 기도하십시오.

소감 및 깨달은 말씀

2. 예배

"그러므로 형제들아 내가 하나님의 모든 자비하심으로
너희를 권하노니 너희 몸을 하나님이 기뻐하시는 거룩한 산 제사로 드리라
이는 너희의 드릴 영적 예배니라"(롬 12:1)

2

기독교는 예배하는 공동체입니다.

신앙생활의 중심은 예배드리는 것입니다.

예배보다 중요한 것은 없고 예배드리는 데 목숨을 걸어야 합니다.

우리는 늘 예배를 드리면서도 예배에 대해서 잘 모르고 예배드리는 경우가 많습니다.

우리는 예배에 대해서 좀 더 이해하고 하나님이 기뻐 받으시는 예배를 드리도록 해야 할 것입니다.

그럼 예배란 무엇입니까? 예배를 한 마디로 표현하기는 어렵습니다.

1. 예배에 대한 용어

  1) 구약

다라시: 부복을 의미하고 ____을 표시했습니다.

이것은 겸손의 자세로 무릎을 꿇거나 허리를 굽히는 것을 말합니다.

아보다: 성전에서 봉사하고 섬기는 것을 뜻합니다.

  2) 신약

레이투루기아(leitourgia): 공공 목적을 위해 ____하는 것을 의미합니다.

세보마이: 하나님을 ____하는 것을 의미합니다.

라트레이아: 고위자에 대한 봉사를 말합니다.(노예가 주인을 섬기는 것)

프로스퀴네오: 손에 입맞춘다, 인사한다, ____를 표하다, 무릎을 꿇다, 엎드려 절하다 등 존경을 표시하는 행위를 의미합니다.

  3) 교회의 용어

예배(worship): 존경할 만한(worthy) + 신분(ship)

가치(존경)를 돌린다, 존경과 존귀를 받을 가치 있는 신분을 뜻합니다.

그러니까 예배란 최상의 존재이신 하나님께 ____의 존경과 경의와 찬양과 영광을 드리는 것입니다.

봉사(service): 미국에서는 주일 예배(sunday service)라고 합니다.

예식(liturgy): 레이투레기아에서 유래한 단어로서 의식적인 예배를 주로 가리킵니다.

예배(禮拜): 예도 예(禮) + 절 배(拜) -절을 해서 예를 지킨다, 예를 지켜 절한다는 의미입니다. 경배(敬拜): 공경 경(敬) + 절 배(拜)

예배란 용어는 손을 앞으로 내밀고 엎드려 줄서서 엎드린다는 뜻입니다.

그러니까 예배는 하나님께 ______는 뜻입니다.

2. 예배의 정의

예배는 하나님께 ____하며 영광 돌리는 것입니다.

예배는 영광과 찬양과 존귀와 경배를 드리는 것입니다.

예배란 구속받은 백성들이 하나님 아버지께 감사와 찬송을 돌리는 것
입니다.

예배는 예수 그리스도를 통한 구원을 감사하며 이 구원의 감사와 기쁨
으로 하나님을 섬기는 것입니다.

예배란 예수 그리스도의 중보를 의지하여 성령을 통하여 하나님과 인
간이 만나서 ____하는 것입니다.

(빌 3:3) 하나님의 성령으로 봉사하며

우리는 하나님의 성령으로 예배하는 자들입니다.

하나님의 임재가 성령과 말씀을 통해 임하십니다.

예배의 주체는 하나님이시고 그리스도의 십자가의 죽으심과 부활로
예배의 중보자는 그리스도이시고 영적 예배의 원동력은 ____이십니다.

3. 예배의 대상과 예배자

1) 예배의 대상: 삼위 하나님

성부 하나님: (요 4:24) 하나님은 영이시니 예배하는 자가 영과 진리로 예배할
　　　　　　　지니라

성자 하나님: (히 1:6) 또 그가 맏아들을 이끌어 세상에 다시 들어오게 하실 때
　　　　　　　에 하나님의 모든 천사들은 그에게 경배할지어다 말씀하시며

성령 하나님: 성령님은 아버지와 아들과 동등하시기 때문에 예배를 받
　　　　　　　으셔야 합니다.

이것은 예배가 인간 중심이 아니라 하나님 중심이라는 사실을 말해 줍
니다.

2) 예배자

하나님께 참으로 예배하는 자들은 구속받은 하나님의 백성들을 말합니다.

우리가 부름 받은 것은 예배를 위해서고 구속받은 일차적인 이유는 하나님을 예배하기 위해서입니다.

하나님은 우리에게 예배 받기를 원하십니다.

예배는 성도, ____(히 1:6), 온 땅(시 66:4), ____(계 5:13)이 드립니다.

모든 피조물이 하나님께 예배드려야 합니다.

4. 예배의 이유

1) 하나님의 명령

(마 4:10) 주 너의 하나님께 경배하고 다만 그를 섬기라

2) 창조주가 되시기 때문에

(시 95:6) 오라 우리가 굽혀 경배하며 우리를 지으신 여호와 앞에 무릎을 꿇자

3) ______ 주셨기 때문에

(히 12:28) 그러므로 우리가 흔들리지 않는 나라를 받았은즉 은혜를 받자 이로 말미암아 경건함과 두려움으로 하나님을 기쁘시게 섬길지니

5. 예배의 목적

웨스트민스트 신앙고백서 소요리 문답 제 1문: 사람의 제일 되는 목적은 하나님을 영화롭게 하며 영원히 그를 즐거워하는 것이다.

예배의 목적은 하나님께 ____ 돌리는 것입니다.

(고전 10:31) 그런즉 너희가 먹든지 마시든지 무엇을 하든지 다 하나님의 영광을 위하여 하라

또한 구속의 은총에 감사해 ____과 봉사하기 위해서입니다.

주님이 피로 값 주고 사셨으니 우리도 생명을 바쳐 주님께 헌신해야 합니다.

6. 예배의 시간과 장소

1) 예배의 시간

구약에서는 안식일에 예배드렸고 신약에서는 주님이 부활하신 주일에 예배드리고 있습니다.

많은 교회들이 주일에 오전과 오후에 두 번 예배드리고 있습니다.

2) 예배의 장소

(요 4:21) 예수께서 이르시되 여자여 내 말을 믿으라 이 산에서도 말고 예루살렘에서도 말고 너희가 아버지께 예배할 때가 이르리라

이 산(그리심 산)에서도 말고 예루살렘에서도 말고 ________ 예배드릴 수 있다고 하셨습니다.

구약에서는 성전에서, 신약에서는 살아있는 ____에서 예배드리고 있습니다.

산 돌같이 신령한 집인 구속받은 성도들의 ____ 가운데서 예배드립니다.

초대 교회는 가정에서 모여 예배를 드렸습니다.

(마 18:20) 두세 사람이 내 이름으로 모인 곳에는 나도 그들 중에 있느니라

예수님의 이름으로 모인 신앙의 공동체는 어디서나 주님이 함께 하십니다.

공동예배는 ____ 장소에서 ____ 시간에 모여야 합니다.

우리가 모일 때 하나님께서 임재하시고 영광을 나타내십니다.

7. 예배의 방법

(요 4:24) 하나님은 영이시니 예배하는 자가 영과 진리로 예배할지니라

'영과 진리로 예배하라' 에서는 전치사가 하나로, 둘은 분리할 수 없습니다.

신령으로 드리는 예배는 하나님은 영이시기 때문에 __으로 예배드리

라는 의미입니다.

하나님은 형상이 아니시므로 우상을 만들거나 섬겨서는 안 됩니다.

신령은 인간의 영인 속사람을 뜻합니다.

(롬 1:9) 내가 그의 아들의 복음 안에서 내 심령으로 섬기는 하나님이 나의 증인이 되시거니와

(시 103:1) 내 영혼아 여호와를 송축하라 내 속에 있는 것들아 다 그의 거룩한 이름을 송축하라

내 영혼으로, 내 심령으로, 온 마음으로, ________으로 예배드려야 합니다.

진정이란 '알레데이아' 로 참, 진리, 진실을 의미합니다.

진리로 예배드려야 합니다. 진실한 예배를 드려야 합니다.

8. 예배의 자세와 태도

1) 경건과 두려움으로 예배드려야 합니다.

(시 96:9) 아름답고 거룩한 것으로 여호와께 예배할지어다 온 땅이여 그 앞에서 떨지어다

(히 12:28) 경건함과 두려움으로 하나님을 기쁘시게 섬길지니

2) 회개하는 심령으로 나아가야 합니다.

(시 139:24) 내게 무슨 악한 행위가 있나 보시고 나를 영원한 길로 인도하소서

3) 부활의 기쁨과 ____의 기쁨으로 예배드려야 합니다.(시 100:2)

〈예배 모범〉

① 예배 시간이 되거든 예배당에 들어가 각기 좌석에 앉되 단정하고 엄숙하며 경건한 모양을 지키며 자기와 ____와 그 참석한 모든 사람과 참석하지 못한 사람들을 위하여 묵기도로 복을 빌라.

② 예배 시간에는 모든 사람이 엄숙한 태도와 공경하는 마음으로 예배하고 목사가 낭독하거나 인증하는 성경밖에 다른 것을 읽지 말 것

이다. 귓속말이나 출입하는 자에게 ____나 곁눈질이나 졸음이나 웃거나 그 밖의 모든 합당치 못한 행동을 일체 하지 말 것이요 어린이들은 부모가 데리고 있는 것이 좋으니 한 ____이 하나님의 집에 같이 모여 앉는 것이 가장 마땅하다.

9. 예배의 특성

1) 예배는 하나님과 만나서 교통(대화)하는 것입니다.
예배는 계시와 ____으로 일방통행이 아닌 ____통행입니다.
2) 예배는 드리는 것입니다.
받으려고만 하지 말고 감사도 드리고 찬송도 드리고 헌금도 드리고 영광도 돌리고 ____을 하나님께 드리는 것입니다.
3) 예배는 ____ 전체를 의미합니다.
(롬 12:1) 너희 몸을 하나님이 기뻐하시는 거룩한 산 제사로 드리라 이는 너희가 드릴 영적 예배니라
삶이 예배이고 예배가 삶입니다.
삶을 드리는 삶의 예배가 되어야 합니다.

10. 예배의 결과(축복)

1) 하나님께서 ____을 받으십니다.
(시 50:23) 감사로 제사를 드리는 자가 나를 영화롭게 하나니
2) 그리스도인들이 정결하게 됩니다.
(시 24:3) 여호와의 산에 오를 자 누구며 그의 거룩한 곳에 설 자가 누구인가
(시 24:4) 곧 손이 깨끗하며 마음이 청결하며
예배드릴 때 그리스도의 피로 말미암아 깨끗하고 정결함을 받습니다.
3) 교회가 변화됩니다.
(행 2:47) 하나님을 찬미하며 또 온 백성에게 칭송을 받으니 주께서 구원 받는

초대 교회는 예배를 드렸을 때 사람들의 칭송을 받았고 불신자들에게 커다란 영향을 끼쳤으며 사람들을 변화시켰습니다.

1. 예배란 무엇입니까? 예배를 드려야 할 이유가 무엇입니까?

2. 신령과 진정으로 예배한다는 의미가 무엇입니까?

3. 나는 예배에 대해 바로 알고 바른 예배를 드려왔습니까?
   내가 예배에 대해 배우고 깨달은 것은 무엇입니까?

4. 나의 삶을 통한 예배는 어떠하였습니까?
   나는 이제 어떻게 예배드리겠습니까?

이 과를 마치면서

1. 우리가 드리는 예배 순서들의 의미가 무엇인지 알아보십시오.

소감 및 깨달은 말씀

3. 성례

"이것은 죄 사함을 얻게 하려고 많은 사람을 위하여 흘리는 바
나의 피 곧 언약의 피니라" (마 26:28)

3

개신교에서 거룩한 예식인 성례는 세례와 성찬 두 가지밖에 없습니다.
이 두 가지 예식은 다 예수님께서 우리에게 행하라고 명령하신 성례입니다.

구약에서는 언약 백성의 표로 할례를 받았고 할례 받은 사람만 유월절 잔치에 참여할 수 있었습니다.

신약에서는 예수님이 구약을 성취하시므로 할례가 ＿＿＿로 대치되었고 유월절 식사가 ＿＿＿＿으로 바뀌었습니다.

할례가 언약 백성의 표징이었던 것처럼 세례가 새 언약 백성의 표입니다.

유월절이 애굽에서 어린양의 피로 구원받은 것을 기념하는 것처럼, 성찬식은 ＿＿＿＿ 되신 예수님의 피로 구원받은 것을 영원히 기념하는 것입니다.

세례

세례를 의미하는 헬라어 '밥티조' 는 '씻다' , '잠그다' 라는 의미입니다.

1. 세례 받아야 할 이유

(마 28:19) 그러므로 너희는 가서 모든 민족을 제자로 삼아 아버지와 아들과 성령의 이름으로 세례를 베풀고

(마 3:13) 예수께서 갈릴리로부터 요단 강에 이르러 요한에게 세례를 받으려 하시니

2. 세례의 예표

(벧전 3:20) 방주에서 물로 말미암아 구원을 얻은 자가 몇 명뿐이니 겨우 여덟 명이라 (벧전 3:21) 물은 예수 그리스도께서 부활하심으로 말미암아 이제 너희를 구원하는 표니 곧 세례라

(고전 10:2) 모세에게 속하여 다 구름과 바다에서 세례를 받고

3. 세례 받을 대상과 자격

(행 8:12) 그들이 믿고 남녀가 다 세례를 받으니

(행 2:38) 베드로가 이르되 너희가 회개하여 각각 예수 그리스도의 이름으로 세례를 받고 죄 사함을 받으라 그리하면 성령의 선물을 받으리니

(행 18:8) 또 회당장 그리스보가 온 집안과 더불어 주를 믿으며 수많은 고린도 사람도 듣고 믿어 세례를 받더라

(행 22:16) 주의 이름을 불러 세례를 받고 너의 죄를 씻으라 하더라

(행 10:47) 이에 베드로가 이르되 이 사람들이 우리와 같이 성령을 받았으니 누가 능히 물로 세례 베풂을 금하리요 하고

4. 세례의 의미

　1) 세례는 죄를 ____ 받았다는 표로 받습니다.

(행 22:16) 주의 이름을 불러 세례를 받고 너의 죄를 씻으라 하더라

　　2) 세례는 ＿＿＿받았다는 표로 받습니다.

(벧전 3:21) 물은 예수 그리스도께서 부활하심으로 말미암아 이제 너희를 구원하는 표니 곧 세례라

　　3) 세례는 하나님의 백성이 되었다는 표로 받습니다.

　　4) 세례는 하나님의 ＿＿＿라는 표입니다.

(엡 1:13) 그 안에서 또한 믿어 약속의 성령으로 인치심을 받았으니

새 언약의 표는 성령으로, 새 언약 백성이 되었다고 인치는 것입니다.

　　5) 세례는 예수님과 연합하는 것입니다.

(롬 6:3) 무릇 그리스도 예수와 합하여 세례를 받은 우리는

　　6) 세례는 몸 된 교회에 가입하는 예식입니다.

　　(고전 12:13) 우리가 유대인이나 헬라인이나 종이나 자유자나 다 한 성령으로 세례를 받아 한 몸이 되었고 또 다 한 성령을 마시게 하셨느니라

세례는 그리스도의 몸에 가입하여 한 몸을 이루고 ＿＿＿가 되는 것입니다.

　　7) 세례는 예수님과 함께 죽고 함께 ＿＿＿ 것을 상징합니다.

(골 2:12) 너희가 세례로 그리스도와 함께 장사되고 또 죽은 자들 가운데서 그를 일으키신 하나님의 역사를 믿음으로 말미암아 그 안에서 함께 일으키심을 받았느니라

5. 세례의 시행

　　1) 성경에서 보면 예수님을 믿는 사람에게 ＿＿＿ 세례를 베풀었습니다.

(행 8:38) 빌립과 내시가 둘 다 물에 내려가 빌립이 세례를 베풀고

　　2) 삼위 하나님의 이름으로 베풉니다.

(마 28:19) 그러므로 너희는 가서 모든 민족을 제자로 삼아 아버지와 아들과 성령의 이름으로 세례를 베풀고

　　3) 목회자가 세례를 베풉니다.

6. 세례의 방식

　　1) 물을 뿌리는 것.

(행 22:16) 일어나 주의 이름을 불러 세례를 받고 너의 죄를 씻으라 하더라

　　2) 물을 붓는 것.

(행 2:33) 하나님이 오른손으로 예수를 높이시매 그가 약속하신 성령을 아버지께 받아서 너희가 보고 듣는 이것을 부어 주셨느니라

　　3) 물에 잠기는 것.

7. 세례 받은 사람의 생활

　　1) 죄를 씻음 받았으니 죄를 떠나서 ______ 생활을 해야 합니다.

　　2) 세례는 예수님과 함께 죽고 예수님과 함께 사는 것입니다.

세례는 죽음과 부활의 상징으로 주님과 ___을 함께 하는 것입니다.

　　3) 세례는 주님께 ___을 서약하는 것입니다.

(신 30:6) 네 하나님 여호와께서 네 마음과 네 자손의 마음에 할례를 베푸사 네게 마음을 다하며 뜻을 다하여 네 하나님 여호와를 사랑하게 하사 네게 생명을 얻게 하실 것이며

(신 30:8) 너는 돌아와 다시 여호와의 말씀을 청종하고 내가 오늘 네게 명령하는 그 모든 명령을 행할 것이라

　　4) 세례는 육적 몸을 벗는 것이고 그리스도로 옷 입는 것입니다.

(골 2:11) 곧 육의 몸을 벗는 것이요 그리스도의 할례니라

(갈 3:27) 누구든지 그리스도와 합하기 위하여 세례를 받은 자는 그리스도로 옷 입었느니라

5) 지상명령을 실천하는 ＿＿＿의 사명을 가지고 살아가야 합니다.(마 28:19)

성찬

성찬식을 성만찬, 주의 ＿＿＿, 최후의 만찬이라고도 합니다.

1. 성찬의 기원

(고전 11:23) 내가 너희에게 전한 것은 주께 받은 것이니 곧 주 예수께서 잡히시던 밤에 떡을 가지사

2. 성찬의 이유, 목적

(고전 11:24) 이것은 너희를 위하는 내 몸이니 이것을 행하여 나를 기념하라 하시고

3. 성찬의 의미

   1) 주님이 죽으신 살과 피를 떡과 포도주로 기념하는 것입니다.

(고전 11:24) 이것은 너희를 위하는 내 몸이니 이것을 행하여 나를 기념하라 하시고

   2) 성찬의 이론들

화체설은 떡과 포도주가 실제로 예수님의 살과 피로 변한다는 것입니다.

기념설은 주님의 죽으심을 기념적인 사건으로만 봅니다.

공재설은 떡과 포도주에 예수님이 ＿＿＿＿＿으로 임재하신다는 것입니다.

영적 임재설은 떡과 포도주에 주님이 ＿＿＿으로 임재하신다는 것입니다.

4. 성찬의 참여자

성찬은 세례 받은 사람의 음식으로 예수 믿고 ＿＿ 받은 사람이 참여합니다.

(막 14:23) 또 잔을 가지사 감사 기도하시고 그들에게 주시니 다 이를 마시매

잔도 사제만 아니라 성도들도 다 참여해야 합니다.

치리나 수찬 정지를 받은 사람은 해벌되어야 성찬에 참여할 수 있고 ＿＿에 가책이 될 만한 죄를 지은 사람은 참여하지 말아야 합니다.

5. 성찬의 시기와 장소

(행 20:7) 그 주간의 첫날에 우리가 떡을 떼려 하여 모였더니

(고전 11:18) 먼저 너희가 교회에 모일 때에

주일에 공동체로 모일 때 ＿＿의 한 부분으로서 성찬식을 행했습니다.

6. 성찬의 의의

　1) 성찬식은 주님과 교제하며 성도와 하나 되는 것입니다.

(고전 10:16) 우리가 축복하는 바 축복의 잔은 그리스도의 피에 참여함이 아니며 우리가 떼는 떡은 그리스도의 몸에 참여함이 아니냐

　2) 성찬식은 구속을 기념하는 것입니다.

(고전 11:24) 축사하시고 떼어 이르시되 이것은 너희를 위하는 내 몸이니 이것을 행하여 나를 기념하라 하시고

　3) 성찬식은 새 언약을 기리는 예식입니다.

(마 26:28) 이것은 죄 사함을 얻게 하려고 많은 사람을 위하여 흘리는 바 나의 피 곧 언약의 피니라

　4) 성찬식은 ＿＿ 때까지 그리스도의 죽으심을 전파하는 것입니다.

(고전 11:26) 너희가 이 떡을 먹으며 이 잔을 마실 때마다 주의 죽으심을 그가 오실 때까지 전하는 것이니라

5) 성찬식은 하나님 나라에서의 ____를 바라봅니다.

(마 26:29) 그러나 너희에게 이르노니 내가 포도나무에서 난 것을 이제부터 내 아버지의 나라에서 새 것으로 너희와 함께 마시는 날까지 마시지 아니하리라 하시니라

7. 성찬의 방법

(마 26:26) 그들이 먹을 때에 예수께서 떡을 가지사 축복하시고 떼어 제자들에게 주시며 이르시되 받아서 먹으라 이것은 내 몸이니라 하시고

예수님이 떡을 1)____ 2)축사하시고 3)____ 4)주셨습니다.

잔은 한 잔을 사용해 돌려가며 마시므로 하나 됨을 나타내었을 것입니다.

8. 성찬의 태도(자세)

(고전 11:27) 그러므로 누구든지 주의 떡이나 잔을 합당하지 않게 먹고 마시는 자는 주의 몸과 피에 대하여 죄를 짓는 것이니라

(고전 11:28) 사람이 자기를 살피고 그 후에야 이 떡을 먹고 이 잔을 마실지니

주의 죽으심에 대한 바른 인식이 없이 ______ 않게 먹어서는 안 됩니다.

성찬식은 자신을 살피고 죄를 회개하면서 참여해야 합니다.

(고전 11:29) 주의 몸을 분별하지 못하고 먹고 마시는 자는 자기의 죄를 먹고 마시는 것이니라

일반적인 ____이 아니라 주님의 죽으심을 기념하는 것임을 알아야 합니다.

9. 성찬의 결과

1) 성찬은 ____의 방편으로 사죄와 구속의 은총이 넘칩니다.

주님의 살과 피에 참여하므로 주님과 깊은 영적인 교통을 갖게 되고 영적인 힘을 얻고 공동체가 하나 되고 사랑이 넘치게 됩니다.

2) 성찬을 잘못 행하면 ＿＿를 받습니다.

(고전 11:30) 그러므로 너희 중에 약한 자와 병든 자가 많고 잠자는 자도 적지 아니하니

영적으로 뿐만 아니라 육체적으로 약하고 병들고 ＿＿＿ 자도 있었습니다.

1. 세례의 의미가 무엇입니까? 성찬의 의의는 무엇입니까?

____

2. 왜 그리스도인들은 할례를 받지 않고 세례를 받습니까?

  왜 그리스도인들은 유월절을 지키지 않고 성찬식을 행합니까?

____

3. 나는 세례를 받았습니까? 받지 않았다면 세례를 받겠습니까?

  내가 세례를 받았다면 세례의 의미를 알고 있었습니까?

____

4. 나는 세례교인답게 살기 위해 어떻게 하겠습니까?

  나는 성찬식에 참여할 때 어떻게 준비하고 참여하겠습니까?

____

이 과를 마치면서

1. 교회에서 성례가 바르게 시행되도록 기도하십시오.

소감 및 깨달은 말씀

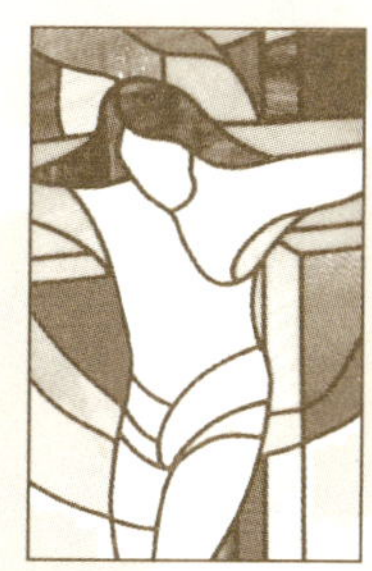

4. 헌금

4

현대인의 우상은 맘몬으로 ____ 신을 섬기고 있습니다.

하나님을 섬기든지 맘몬 신을 섬기든지 둘 중에 하나를 섬겨야 합니다.

물질은 하나님 나라를 위해 섬기도록 맡겨 주신 하나님의 축복입니다.

청지기로서 물질로 하나님을 섬길 때, 이것이 복 받는 길입니다.

헌금에 대한 용어로는 십일조, 헌물, 제물, ____, 예물, 봉헌 등 여러 가지 용어들이 사용되어 있습니다.

헌금은 하나님께 드려지는 돈이나 물건 등 일체의 봉헌(예물)을 말합니다.

헌금은 예배의 중요한 요소 가운데 하나로 은혜에 대한 ____입니다.

1. 헌금의 의미와 이유

1) 헌금의 의미

(고후 9:12) 이 봉사의 직무가 성도들의 부족한 것만 보충할 뿐 아니라

(빌 4:18) 이는 받으실 만한 향기로운 제물이요 하나님을 기쁘시게 한 것이라

(마 6:20) 오직 너희를 위하여 보물을 하늘에 쌓아 두라

(고후 8:4) 이 은혜와 성도 섬기는 일에 참여함에 대하여 우리에게 간절히 구하니

(고후 8:8) 내가 명령으로 하는 말이 아니요 오직 다른 이들의 간절함을 가지고 너희의 사랑의 진실함을 증명하고자 함이로라

(신 14:23) 네 곡식과 포도주와 기름의 십일조를 먹으며 또 네 소와 양의 처음 난 것을 먹고 네 하나님 여호와 경외하기를 항상 배울 것이니라

2) 헌금의 이유

우리의 모든 것이 주님의 것이고 주께 받았으므로 드려야 합니다.

(대상 29:11) 천지에 있는 것이 다 주의 것이로소이다

(대상 29:12) 부와 귀가 주께로 말미암고

(고전 6:20) 값으로 산 것이 되었으니 그런즉 너희 몸으로 하나님께 영광을 돌리라

(고전 4:7) 누가 너를 남달리 구별하였느냐 네게 있는 것 중에 받지 아니한 것이 무엇이냐 네가 받았은즉 어찌하여 받지 아니한 것 같이 자랑하느냐

(신 8:17) 그러나 네가 마음에 이르기를 내 능력과 내 손의 힘으로 내가 이 재물을 얻었다 말할 것이라

(신 8:18) 네 하나님 여호와를 기억하라 그가 네게 재물 얻을 능력을 주셨음이라

3) 헌금을 드려야 할 사람

(고전 16:2) 매 주 첫날에 너희 각 사람이 수입에 따라 모아 두어서

가난하다고 헌금에서 제외시키는 것이 아니라 모두가 참여해야 했습니다.

오히려 가난함에도 불구하고 _____하게 헌금한 사실을 봅니다.

2. 헌금을 드릴 시간, 장소, 내용, 분량

1) 헌금 드릴 시간

(고전 16:2) 매 주 첫날에 너희 각 사람이 수입에 따라 모아 두어서 내가 갈 때에 연보를 하지 않게 하라

2) 헌금 드릴 장소

(신 12:5) 오직 너희의 하나님 여호와께서 자기의 이름을 두시려고 너희 모든 지파 중에서 택하신 곳인 그 계실 곳으로 찾아 나아가서

(신 12:6) 너희의 번제와 너희의 제물과 너희의 십일조와 너희 손의 거제와 너희의 서원제와 낙헌 예물과 너희 소와 양의 처음 난 것들을 너희는 그리로 가져다가 드리고

3) 헌금의 내용

(출 35:5) 너희의 소유 중에서 너희는 여호와께 드릴 것을 택하되 마음에 원하는 자는 누구든지 그것을 가져다가 여호와께 드릴지니 곧 금과 은과 놋과

(레 27:30) 그 땅의 십분의 일 곧 그 땅의 곡식이나 나무의 열매는 그 십분의 일은 여호와의 것이니 여호와께 성물이라

(레 27:32) 모든 소나 양의 십일조는 목자의 지팡이 아래로 통과하는 것의 열 번째의 것마다 여호와의 성물이 되리라

(출 30:15) 너희의 생명을 대속하기 위하여 여호와께 드릴 때에 부자라고 반 세겔에서 더 내지 말고 가난한 자라고 덜 내지 말지며

신약에서는 밭이나 집인 ______도 드렸습니다.

4) 헌금의 종류

십일조, 헌물, 제물, ____헌금(유월절, 맥추절, 추수감사절)과 ______, 월삭, 나팔절(신년), 안식년, 희년에 예물을 드렸습니다.

또한 서원제물, 생명의 속전(출 30:13), 특별____헌금, 구제헌금, ____헌금 등이 있는 것을 봅니다.

5) 헌금의 분량

헌금의 기본은 십일조로 모든 수입의 ________을 드리는 것입니다.

(창 14:20) 아브람이 그 얻은 것에서 십분의 일을 멜기세덱에게 주었더라

십일조는 율법 이전 족장시대부터 드렸는데 ________ 예물이었습니다.

(레 27:30) 그 땅의 십분의 일 곧 그 땅의 곡식이나 나무의 열매는 그 십분의 일은 여호와의 것이니 여호와의 성물이라

모세의 율법시대에는 십일조를 법적으로 제도화하여 _________드렸습니다.

십일조는 하나님의 것이고 성물로서 거룩하게 ___됩니다.

십일조는 전체의 ___로 드리므로 전체가 다 거룩하게 구별됩니다.

십일조의 나머지 ___도 하나님의 것으로 하나님의 뜻대로 사용해야 합니다.

(말 3:8) 우리가 어떻게 주의 것을 도둑질하였나이까 하는도다 이는 곧 십일조와 봉헌물이라

(말 3:10) 만군의 여호와가 이르노라 너희의 온전한 십일조를 창고에 들여

하나님의 것을 도둑질하지 말고 _____ 십일조를 드려야 합니다.

(마 23:23) 화 있을진저 외식하는 서기관들과 바리새인들이여 너희가 박하와 회향과 근채의 십일조를 드리되 율법의 더 중한 바 정의와 긍휼과 믿음은 버렸도다 그러나 이것도 행하고 저것도 버리지 말아야 할지니라

신약 시대에 예수님도 십일조를 실행할 것을 말씀하셨습니다.

하나님께서는 바울을 통해 신약의 새로운 _____를 제정하셨습니다.

(고전 16:2) 매 주 첫날에 너희 각 사람이 수입에 따라 모아 두어서 내가 갈 때에 연보를 하지 않게 하라

여기서 '수입에 따라' 는 수입에_____하여 드리라는 말씀입니다.

이것이 구약의 십일조를 계승한 신약의 십일조라고 봅니다.

십일조는 _____의 기준이고 우리의 가진 모든 것을 드려야 합니다.

(행 2:45) 또 재산과 소유를 팔아 각 사람의 필요를 따라 나눠 주며

(행 4:34) 이는 밭과 집 있는 자는 팔아 그 판 것의 값을 가져다가

초대 교회는 십일조 이상으로 밭이나 __이나 ___과 소유를 드렸습니다.

3. 헌금의 목적과 사용

1) 헌금의 목적

(고후 9:13) 그들과 모든 사람을 섬기는 너희의 후한 연보로 말미암아 하나님께 영광을 돌리고

(마 6:20) 오직 너희를 위하여 보물을 하늘에 쌓아 두라

(마 6:21) 네 보물 있는 그 곳에는 네 마음도 있느니라

(고후 8:14) 그들의 넉넉한 것으로 너희의 부족한 것을 보충하여 균등하게 하려 함이라

2) 헌금의 사용

(민 18:21) 내가 이스라엘의 십일조를 레위 자손에게 기업으로 다 주어서 그들이 하는 일 곧 회막에서 하는 일을 갚나니

제 1십일조는 ___ 지파의 기업으로 주셨습니다.

(신 14:22) 너는 마땅히 매 년 토지 소산의 십일조를 드릴 것이며

(신 14:23) 네 하나님 여호와 앞 곧 여호와께서 그의 이름을 두시려고 택하신 곳에서 네 곡식과 포도주와 기름의 십일조를 먹으며 또 네 소와 양의 처음 난 것을 먹고 네 하나님 여호와 경외하기를 항상 배울 것이니라

제 2십일조는 절기의 행사비인 _______을 위한 용도로 사용되었습니다.

(신 14:28) 매 삼 년 끝에 그 해 소산의 십분의 일을 다 내어 네 성읍에 저축하여

(신 14:29) 너희 중에 분깃이나 기업이 없는 레위인과 네 성중에 거류하는 객과 및 고아와 과부들이 와서 먹고 배부르게 하라

제 3의 십일조는 ___ 십일조로 용도가 지정되었습니다.

(고전 9:11) 우리가 너희에게 신령한 것을 뿌렸은즉 너희 육적인 것을 거두기로

과하다 하겠느냐 (고전 9:13) 성전의 일을 하는 이들은 성전에서 나는 것을 먹으며 제단에서 섬기는 이들은 제단과 함께 나누는 것을 너희가 알지 못하느냐 (고전 9:14) 이와 같이 주께서도 복음 전하는 자들이 복음으로 말미암아 살리라 명하셨느니라

신약에서도 복음 사역자들을 위한 생활의 방편을 세우셨습니다.

(고후 9:1) 성도를 섬기는 일에 대하여는 내가 너희에게 쓸 필요가 없나니

(갈 2:10) 다만 우리에게 가난한 자들을 기억하도록 부탁하였으니

(빌 4:15) 빌립보 사람들아 너희도 알거니와 복음의 시초에 내가 마게도냐를 떠날 때에 주고 받는 내 일에 참여한 교회가 너희 외에 아무도 없었느니라

빌립보 교회는 바울의 선교를 위해 선교비를 보내어 후원하였습니다.

헌금은 레위인의 ______, 성전 건축, 구제, 절기 행사비, 선교비, _____, 건물 유지비 등 ___와 복음 전파나 가난한 사람을 위해 사용하였습니다.

4. 헌금의 정신과 방법

1) 헌금의 정신

_______ 태도는 벌 받을까 두려워서 드리는 것이고 기복주의적인 태도는 복 받기 위해서 드립니다.

그러나 신앙적인 태도는 ___의 은총에 감사해서 기쁨으로 드립니다.

(잠 3:9) 네 재물과 네 소산물의 처음 익은 열매로 여호와를 공경하라

처음 열매, 처음 가축의 새끼, 처음 난 장자는 다 하나님의 것으로 하나님께 드려야 합니다.

(창 4:4) 아벨은 자기도 양의 첫 새끼와 그 기름으로 드렸더니 여호와께서 아벨과 그의 제물은 받으셨으나

아벨이 가장 좋은 것을 드렸던 것처럼 가장 좋은 것을 바쳐야 합니다.

(고후 8:5) 그들이 먼저 자신을 주께 드리고 또 하나님 뜻을 따라 우리에게 주었

도다

헌금은 ______을 주님께 드리는 대신으로 드리는 것입니다.

2) 헌금의 방법(자세와 태도)

(고후 9:5) 너희의 전에 약속한 연보를 미리 준비하게 하도록 권면하는 것이 필요한 줄 생각하였노니 이렇게 준비하여야 참 연보답고 억지가 아니니라

(고후 9:7) 각각 그 마음에 정한 대로 할 것이요 인색함으로나 억지로 하지 말지니 하나님은 즐겨 내는 자를 사랑하시느니라

(고후 8:2) 환난의 많은 시련 가운데서 그들의 넘치는 기쁨과

(출 25:2) 이스라엘 자손에게 명령하여 내게 예물을 가져오라 하고 기쁜 마음으로 내는 자가 내게 바치는 모든 것을 너희는 받을지니라

(출 35:21) 자원하여 모든 자가 와서-예물을 가져다가 여호와께 드렸으니

(고후 8:2) 극심한 가난이 그들의 풍성한 연보를 넘치도록 하게 하였느니라

(고후 9:11) 너희가 모든 일에 넉넉하여 너그럽게 연보를 함은

(고후 9:13) 모든 사람을 섬기는 너희의 후한 연보로 말미암아 하나님께 영광을 돌리고

(고후 8:3) 그들이 힘대로 할 뿐 아니라 힘에 지나도록 자원하여

우리는 감사함과 기쁨으로 ______ 드리도록 힘써야 합니다.

5. 헌금의 결과

하나님께서는 헌금을 드리는 자에게 축복을 약속하고 있습니다.

(빌 4:19) 나의 하나님이 그리스도 예수 안에서 영광 가운데 그 풍성한 대로 너희 모든 쓸 것을 채우시리라

(고후 9:6) 적게 심는 자는 적게 거두고 많이 심는 자는 많이 거둔다 하는 말이로다

(고후 9:10) 심는 자에게 씨와 먹을 양식을 주시는 이가

(잠 3:9) 네 재물과 네 소산물의 처음 익은 열매로 여호와를 공경하라

(잠 3:10) 그리하면 네 창고가 가득히 차고 네 포도즙틀에 새 포도즙이 넘치리라

(신 14:29) 그리하면 네 하나님 여호와께서 네 손으로 하는 범사에 네게 복을 주시리라

(말 3:10) 그것으로 나를 시험하여 내가 하늘 문을 열고 너희에게 복을 쌓을 곳이 없도록 붓지 아니하나 보라

(말 3:11) 만군의 여호와가 이르노라 내가 너희를 위하여 메뚜기를 금하여 너희 토지 소산을 먹어 없애지 못하게 하며 너희 밭의 포도나무 열매가 기한 전에 떨어지지 않게 하리니

(말 3:12) 너희 땅이 아름다워지므로 모든 이방인들이 너희를 복되다 하리라

(말 3:9) 너희 곧 온 나라가 나의 것을 도둑질하였으므로 너희가 저주를 받았느니라

1. 헌금이란 무엇입니까? 헌금의 정신은 무엇입니까?

2. 헌금의 기준은 무엇이고 얼마나 드려야 합니까?
   헌금의 용도와 방법과 결과는 무엇입니까?

3. 내가 헌금에 대해서 새롭게 배우거나 깨달은 것은 무엇입니까?
   나의 헌금 생활 가운데 잘못된 것을 고쳐야 할 것은 무엇입니까?

4. 내 생활에서 너무 많이 지출되어 줄여야 할 것은 무엇입니까?
   나의 헌금의 비율을 높이거나 새롭게 시작해야 할 것은 무엇입니까?

이 과를 마치면서

1. 교회에서 헌금이 하나님 나라를 위해 바르게 쓰이도록 기도하십시오.

소감 및 깨달은 말씀

5. 주기도문

"그러므로 너희는 이렇게 기도하라
하늘에 계신 우리 아버지여 이름이 거룩히 여김을 받으시오며" (마 6:9)
"나라가 임하시오며 뜻이 하늘에서 이룬 것 같이 땅에서도 이루어지이다" (마 6:10)

주기도문은 마태복음 6:9-13과 누가복음 11:2-4에 기록되어 있는데 누가복음의 것이 더 간략하고 요약적으로 되어 있습니다.
주기도는 주님이 가르쳐 주신 가장 모범적인 기도로 기도 중의 기도입니다.

1. 주기도문의 요약

서론	기도의 대상	아버지			
본론	기도의 내용	이름	‘ ___ ’ 하나님을 위한 간구	하나님 나라	하나님 나라
		___			
		뜻			
		양식	‘우리’ 우리를 위한 간구	양식	
		사죄		사죄	
		___		___	
결론	기도의 ___	송영			

2. 주기도문의 개요

1) 주기도문은 주신 배경이 다릅니다.

(마 6:9) 그러므로 너희는 이렇게 기도하라

마태복음에서는 예수님이 유대인들과 이방인들의 잘못된 기도에 대한 결론으로 바른 기도의 모범인 주기도를 가르쳐 주셨습니다.

유대인들의 잘못된 기도에는 ____하는 기도가 많았습니다.(마 6:5)

사람에게 보이기 위해 회당과 큰 거리 어귀에 서서 기도하기를 좋아했습니다. 또한 유대인들은 기도문들이 있어서 주문처럼 의식적이고 ________ 기도를 드렸습니다.

(마 6:7) 또 기도할 때에 이방인과 같이 중언부언하지 말라 그들은 말을 많이 하여야 들으실 줄 생각하느니라

이방인들의 잘못된 기도는 중언부언하는 기도였습니다.

중언부언은 이방인의 주문 외는 것처럼 의미 없는 말을 반복하는 것입니다.

예수님은 형식적인(의식적인) 기도, 사람에게 보이기 위한 기도, ____ 없고 의미 없는 기도에 대해 경고하시면서 주기도를 가르쳐 주신 것입니다.

(눅 11:1) 예수께서 한 곳에서 기도하시고 마치시매 제자 중 하나가 여짜오되 주여 요한이 자기 제자들에게 기도를 가르친 것과 같이 우리에게도 가르쳐 주옵소서

누가복음에서는 제자들이 기도를 가르쳐달라는 요청에 대한 응답으로 가르쳐 주셨습니다.

예수님의 제자들은 예수님처럼 기도하기를 원한 것 같습니다.

2) 주기도문의 중요성

① 예수님이 친히 가르쳐 주신 기도입니다.

② 산상수훈의 ____ 내용입니다.

3) 주기도문의 핵심 내용은 하나님의 나라입니다.

누가복음에서는 ‘뜻이 하늘에서 이룬 것같이 땅에서도 이루어지이다’
가 나오지 않습니다. 그것은 하나님의 나라가 임해서 하나님의 ___가
이루어지면 하나님의 뜻이 이루어지기 때문입니다.

그리고 당신의 ‘이름이 거룩히 여김을 받으시오며’는 간구라기보다는
하나님을 ___하는 말입니다.

하나님 나라를 구하면 3개의 우리를 위한 간구들이 주어집니다.

주기도문의 핵심적인 간구는 하나님의 나라가 임하게 해 달라는 것입
니다.

마태복음 6:33도 주기도문의 요약인데 하나님 나라가 그 내용입니다.

　4) 주기도문의 순서는 먼저 하나님을 위한 기도이고 그 다음이 우리
의 필요를 위한 기도입니다.

우리는 개인적인 ___보다 먼저 하나님의 영광을 구하여야 합니다.

자기중심의 기도가 아니라 하나님 중심의 기도를 드려야 합니다.

　5) 주기도문은 나의 기도가 아니라 ___의 기도입니다.

나 개인의 이기적인 기도가 아니라 ‘우리’라는 공동체를 위한 기도를
드려야 합니다.

이 기도를 드릴 때 우리는 형제들을 위해 간구하는 것입니다.

　6) 주기도는 기도의 방식의 모범이요 표준입니다.

① 간결합니다. 원문은 총 58단어, 영어는 66단어, 한글로는 50단어 밖
　　에 안 됩니다. 기도는 말을 많이 하여야 들어주시는 것이 아닙니다.

② 간단합니다. 6개의 간구들로 간단하지만 모든 필요를 다 포함합니다.

③ 단순합니다. 주기도는 어린아이라도 알 수 있는 단순한 기도입니다.

　7) 주기도문은 기도의 대상, 내용, 이유로 구분할 수 있습니다.

기도의 대상은 아버지께 하는 기도입니다.

기도의 내용은 6개의 간구로 되어 있는데 3개는 ‘___’로 하나님을
위한 간구이고 3개는 ‘우리’로 우리의 필요를 위한 간구입니다.

기도의 이유는 '왜냐하면 나라와 권세와 영광이 영원히 하나님께 있기 때문입니다' 라는 것입니다.

8) 우리를 위한 3가지 간구는 현재, 과거, 미래에 대한 간구입니다.
일용할 양식에 대한 간구는 현재 매일 매일 필요한 간구입니다.
죄 용서에 대한 간구는 과거의 상처를 회복해 달라는 간구입니다.
보호에 대한 간구는 시험에 들지 않게 해 달라는 미래에 대한 간구입니다.

9) 주기도문은 간구일 뿐만 아니라 ＿＿＿입니다.
주기도를 하는 사람은 '하나님의 통치를 받겠습니다', '하나님이 공급하시는 양식으로 살겠습니다', '나에게 죄지은 사람을 용서해 주겠습니다', '사탄에게 순종하지 않고 하나님께 순종하며 살겠습니다' 라는 서약입니다.

3. 주기도문의 내용

1) 기도의 대상: (마 6:9) 하늘에 계신 우리 아버지여
기도의 대상을 부르는 것으로 기도는 하나님 아버지께 드리는 것입니다.
기도의 첫 마디가 헬라어에서는 ＿＿＿ 곧 아버지입니다.
하늘 아빠는 우리의 모든 필요를 알고 채워 주시는 사랑의 하나님이십니다.
먼저 하나님을 찬양하고 우리의 간구를 드립니다.
① 아버지: 우리가 예수님을 믿으므로 하나님의 자녀가 되어 우리에게 하나님을 ＿＿＿ 아버지라고 부르며 기도할 수 있는 특권이 주어졌습니다. (갈 4:6)
② 하늘에 계신 분: 초월해 계신 높으신 분이면서 우리의 기도에 응답해 주실 수 있는 전능하신 분이시라는 의미입니다.

'하늘에 계신 아버지' 란 초월성과 ______을 보여주는 분으로 하늘에 멀리 계시면서 아버지로서 가까이 계신 분이십니다.

③ 우리 아버지: 우리는 하나님을 섬기는 신앙 공동체로서 자신만을 위해서가 아니라 다른 사람들과 함께 다른 사람들을 위해서 기도해야 합니다.

　2) 아버지의 이름: (마 6:9) 이름이 거룩히 여김을 받으시오며

이름은 그 존재의 인격을 나타냅니다.

하나님의 이름은 하나님이 누구신지를 보여 줍니다.

하나님의 대표적인 이름은 엘로힘과 여호와이십니다.

하나님이 거룩하신 분이라는 말은 창조주 하나님이 피조물과 ______ 초월해 계신 영광스럽고 완전하신 분이시라는 것입니다.

하나님은 아빠이시기 때문에 친근감을 가지고 나가지만 한편으로 거룩하신 분으로 경외심을 가져야 하는 것입니다.

또한 이것은 우리가 '하나님의 이름을 거룩되게 하라' 는 말입니다.

우리가 _________을 할 때 하나님이 거룩히 여기심을 받는 것입니다.

　3) 아버지의 나라: (마 6:10) 나라가 임하시오며

'당신의 나라가 오게 하소서', '하나님의 나라가 임하게 하소서' 라는 뜻입니다.

하나님의 나라는 하나님의 ____의 개념으로 하나님이 왕으로서 통치하시는 나라가 오게 해 달라는 기도입니다.

하나님이 왕으로 통치하실 때 우리의 ____과 모든 필요가 채워집니다.

① 이 기도는 주님이 나의 삶을 다스려 달라는 기도입니다.

② 하나님 나라가 ____되기 위하여 기도하라는 것입니다.

③ 재림으로 영원한 하나님의 나라가 실현되기를 기도하는 것입니다.

　4) 아버지의 뜻: (마 6:10) 뜻이 하늘에서 이룬 것 같이 땅에서도 이

루어지이다

이루어야 할 것은 하나님의 뜻이고 이루어져야 할 장소는 땅이며 이루는 방법은 하늘에서 이룬 것 같이 하며 이루어야 할 사람은 우리들입니다.

땅 위에서는 사탄이 왕 노릇하며 통치하고 있기 때문에 하나님의 뜻이 방해를 받습니다.

하나님의 통치가 이루어지면 하나님의 뜻이 이루어집니다.

우리는 하나님의 뜻에 ____하여 하나님의 뜻을 이루어 가야 합니다.

　5) 우리의 일용할 양식: (마 6:11) 오늘 우리에게 일용할 양식을 주시옵고

오늘 하루를 위한 육신의 양식을 달라는 것입니다.

'오늘'이란 오늘을 위한 양식을 구하는 기도입니다.

그리고 '일용할' 이란 ______ 양식으로 보는 것이 좋습니다.

그러니까 날마다 우리에게 그 날에 필요한 양식을 주시라는 기도입니다.

최소한의 필요한 양식만을 위해 기도하는 것입니다.

나에게가 아니라 우리에게 양식을 달라고 기도하라고 하셨습니다.

날마다 우리는 하나님의 공급하심을 의지하며 살아야 합니다.

　6) 우리의 죄 용서: (마 6:12) 우리가 우리에게 죄 지은 자를 사하여 준 것 같이 우리 죄를 사하여 주시옵고

마태는 우리의 빚들을 사하여 달라고 하였고 누가는 우리의 죄들을 사하여 달라고 하였습니다. 죄를 빚, 다시 말해서 부채로 본 것입니다.

이것은 '우리 죄를 용서해 주시옵소서. 그와 동시에 우리도 우리에게 빚진 자들을 용서하겠습니다.' 라는 뜻입니다.

이웃의 죄에 대한 용서 없이 하나님께 죄를 용서 받을 수 없다는 말입니다.

죄 용서 받은 사람이라면 용서해야 한다는 것입니다.

주기도문에 ＿＿이 붙어서 다시 강조하는 유일한 구절입니다. (마 6:14,15)

또한 우리의 죄를 용서해 달라고 기도하는 것은 중보기도를 말합니다.

신앙의 공동체는 형제의 죄를 짊어지고 함께 기도해야 합니다. (약 5:16)

　7) 우리의 시험: (마 6:13) 우리를 시험에 들게 하지 마시옵고 다만 악에서 구하시옵소서

죄 용서에 대한 기도는 이미 과거에 지은 죄에 대한 기도라면 6번째 기도는 죄를 ＿＿＿＿ 위한 기도입니다.

시험은 죄를 짓도록 하는 유혹입니다.

유혹에서의 ＿＿를 간구하는 것입니다.

시험을 받는 것이 죄가 아니라 시험에 빠지면 죄짓는 것입니다.

성경 전체로 볼 때 '악에서' 는 ＿＿을 가리키는 것으로 보아야 합니다.

사탄의 유혹에 빠지지 않게 보호하고 사탄에게 구출해 달라는 것입니다.

이것은 하나님의 통치가 임해서 사탄의 통치를 받지 않게 해 달라는 현재적 간구입니다.

　8) 송영: (마 6:13) (나라와 권세와 영광이 아버지께 영원히 있사옵나이다 아멘)

하나님을 찬양하는 ＿＿＿으로 기도를 마칩니다.

주기도가 아버지로 시작해서 아버지로 끝나고 있습니다.

하나님의 통치가 이루어지는 나라와 그 나라를 ＿＿＿＿ 권세와 하나님 나라가 이루어짐으로 실현될 영광이 다 하나님께 속해 있다는 것입니다.

'이 기도를 드리는 것은 하나님만이 나라와 권세와 ___을 가지신 분
으로 기도를 받으시고 이루어 주실 분이시기 때문입니다.' 라는 것입
니다.

하나님의 나라와 하나님의 영광을 위해 기도를 들어 달라고 하는 것입
니다.

• 아멘은 주기도를 끝맺는 데 사용된 말입니다.

아멘은 '______그러합니다', '그대로 이루어지기를 바랍니다', '응답
을 바랍니다' 라는 뜻으로 아멘합니다.

또한 아멘 했으면 기도의 응답을 믿어야 합니다.

1. 유대인들과 이방인들의 잘못된 기도는 무엇입니까?

   주기도문의 핵심적인 간구는 무엇입니까?

   ____

2. 주기도문은 어떤 점에서 모범된 기도입니까?

   먼저 하나님의 나라를 구해야 될 이유가 무엇입니까?

   ____

3. 나는 주기도문을 유대인들과 이방인들처럼 하지는 않았습니까?

   내가 주기도문을 잘못 사용해 왔던 것은 무엇입니까?

   ____

4. 나는 무엇을 추구하며 살았고 무엇을 구했습니까?

   나는 하나님 나라를 위해 구체적으로 무엇을 구하고 무엇을 하겠습니까?

   ____

이 과를 마치면서

1. 주기도문을 바로 알고 바른 기도를 드릴 수 있도록 기도하십시오.

소감 및 깨달은 말씀

6. 사도신조

"시몬 베드로가 대답하여 이르되 주는 그리스도시요
살아 계신 하나님의 아들이시니이다" (마 16:16)

6

사도신조는 사도들이 만든 것이 아니라 사도들이 가졌던 신앙의 내용입니다.

그리고 성경의 내용을 요약한 기독교 교리의 축소판입니다.

1. 사도신조의 요약

삼위일체 하나님께 대한 고백	성부	1) 성부 하나님	성부	신앙의 대상
	성자	2) 성자 하나님 　(1) 기독론적 관점의 고백 　(2) ＿＿＿ 관점의 고백	성자	
	─	3) 성령 하나님	성령	
		4) ＿＿	신앙의 조항들	신앙의 조항들
		5) 성도의 교제		
		6) 사죄		
		7) 부활		
		8) 영생		

2. 사도신조의 개요

　1) 사도신경보다 사도신조라고 하는 것이 좋습니다.

신경이란 ‘믿는 ＿’ 이라는 뜻이고 신조는 ‘믿는 조항’ 이란 뜻입니다.

신조와 신앙고백은 동의어입니다.

다른 신앙고백서들도 다 신조라고 하고 있습니다.

　2) 사도신조의 기원

사도신조의 비슷한 형태가 벌써 주후 107년 안디옥의 익나티우스의 서신에서 보게 됩니다.

주후 215년 로마의 히포리투스 감독의 사도적 전승에 있는 ＿＿＿＿＿＿에 보면 세 번 묻고 세 번 대답하게 되어 있습니다.

사도신조란 이름이 처음 사용되기는 주후 390년이었습니다.

밀라노의 노회가 교황 시리키우스에게 보낸 글에서 처음으로 이 신경에 사도신경이란 이름을 붙였습니다.

그런데 주후 710-724년에 ‘공인된 문서’ 에 실린 신조가 지금 우리가 사용하는 사도신경의 형태와 같습니다.

그러므로 사도신조는 세례문답에서 기원되었다고 볼 수 있습니다.

　3) 신앙고백자는 ＿＿＿의 신앙고백이기 때문에 ‘우리’ 라고 해야 합니다.

그러나 사도신조는 ‘나는 믿는다’ 는 1인칭의 개인 고백문으로 되어 있습니다.

예수님에 대한 고백에서 ‘우리 주 예수를 믿사오니’ 라고 되어 있기 때문에 ‘내가 믿는다’ 가 아니라 ‘우리가 믿는다’ 가 되어야 합니다.

　4) 신앙고백의 대상은 ＿＿＿＿＿이 아니라 사람입니다.

만약 사도신조가 하나님께 하는 것이라면 ‘그 분의 외아들’ 이 아니라 2인칭인 ‘당신의 외아들’ 이라고 고백해야 합니다.

　5) 사도신조는 하나님께 하는 ＿＿＿가 아닙니다.

사도신조에서 '믿사옵나이다' 라는 존칭어를 사용하므로 하나님께 하는 기도가 되었습니다.

신조는 교회가 세상을 향해 신앙을 ____하는 것입니다.

신조는 선언으로 존대 말을 쓰지 않고 '믿는다' 라는 서술문을 사용합니다.

　6) 사도신조의 목적

① 신조는 우리가 무엇을 ____하는지를 제공하기 위한 목적이 있습니다.

② 신조는 이단에 대처하기 위한 목적이 있습니다.

③ 신조는 기독교의 핵심 진리를 간략하게 만든 _______ 목적이 있습니다.

　7) 사도신조는 중세에 12사도의 저작설에 따라 12조항으로 나누었습니다.

그러나 종교개혁 이후에는 삼위하나님에 대한 3조항으로 나누었습니다.

크게 2조항으로 나눈다면 신앙의 ____과 신앙의 조항들입니다.

　8) 사도신조를 예배에 사용할 때는 성례식 앞에 넣거나 성경 교리의 요약이므로 성경봉독 다음에 넣는 것이 바람직합니다.

　9) 사도신조는 세례문답의 ____행사로 재연하면 좋을 것입니다.

3. 사도신조의 내용

　1) 성부 하나님: '전능하사 천지를 만드신 하나님 아버지를 내가 믿사오며'

우리의 아버지가 되시는 하나님은 전능하시어 천지를 만드신 분이십니다.

① 하나님은 아버지십니다. 하나님과 우리와의 관계입니다.

하나님이 우리를 구속하여 주시고 아버지가 되어 주셨습니다.

(갈 4:6) 너희가 아들이므로 하나님이 그 아들의 영을 우리 마음 가운데 보내사 아빠 아버지라 부르게 하셨느니라

하나님이 우리의 아빠가 되십니다.

아버지 하나님은 ____의 하나님이십니다.

② 전능하신 하나님은 모든 것을 다 하실 수 있으신 전능자라는 말입니다.

③ 천지를 만드신 하나님은 창조주 하나님이십니다.(창 1:1)

하나님은 전능하신 능력으로 천지를 창조하셨습니다.

천지만물을 창조하신 전능하신 하나님이 우리의 아버지가 되십니다.

2) 성자 하나님

(1) 기독론적 관점의 고백: '그 외아들 우리 주 예수 그리스도를 믿사오니'

① 예수님은 그리스도: '예수 그리스도'

예수란 이름의 뜻은 '여호와는 ____이시다', '여호와는 구원하신다' 입니다.

그리스도는 '기름부음을 받은 자' 라는 뜻으로 왕과 선지자와 제사장을 임직할 때 기름을 부어 세웠습니다.

예수님은 이 삼직을 가지시고 구속 사역을 성취하신 ______이십니다.

② 예수님은 하나님의 아들: '그 외아들'

'그 외아들' 은 '그 분의 외아들' 이라는 말로 하나님의 외아들을 말합니다.

하나님의 외아들이란 ______로 독특한 아들, 유일한 아들이라는 뜻입니다.

③ 예수님은 우리 주: '우리 주'

'주(큐리오스)' 라는 호칭은 여호와를 가리키는 호칭입니다.

예수님이 '주' 시라는 것은 예수님이 ______이시라는 것입니다.

'큐리오스' 라는 호칭은 부활 후에 높여진 이름으로 모든 이름 위에 뛰

어난 이름입니다.(빌 2:9-11)

'큐리오스'는 만왕의 왕이시며 만주의 주시라는 ____을 가리킵니다.

(2) 구원론적 관점의 고백:

① 성령으로 잉태와 처녀에게 탄생: '이는 성령으로 잉태하사 동정녀
  마리아에게 나시고'

'이는 성령으로'란 '이분은 성령으로' 잉태하사입니다.(마 1:18, 눅 1:35)

이것은 예수님이 ____이시고 사람이시라는 신성과 인성을 보여줍니다.

성육신은 하나님이 사람이 되신 사건으로 사람의 죄를 담당하시고 죽으시기 위해 사람이 되셨습니다.

또한 ____ 탄생하기 위해 성령으로 잉태하셨습니다.

② 빌라도에게 고난: '본디오 빌라도에게 고난을 받으사'

'빌라도에게'는 빌라도 밑에서, 빌라도 통치하에 고난을 받으셨다는 뜻입니다.

빌라도는 죄 없는 예수님에게 사형선고를 내려 십자가에 죽게 했습니다.

예수님은 빌라도의 통치 아래 ____을 당하시고 가시 면류관을 쓰시고 온갖 고난을 당하셨습니다.

③ 십자가에 죽으심: '십자가에 못 박혀 죽으시고'

예수님이 십자가에 죽으신 것은 ____인 죽으심입니다.

예수님의 죽으심은 우리 죄를 위하여 죽으신 속죄의 죽음입니다.

예수님의 십자가는 사랑과 공의를 나타냅니다.

④ 장사되심: '장사한 지'

무덤에 장사 지내고 사흘이 지났다는 것은 ____ 죽음을 의미합니다.

(◎ 지옥 강하: 한국 교회에서는 고백하지 않습니다.)

⑤ 부활: '사흘 만에 죽은 자 가운데서 다시 살아나시며'

'사흘 만에' 란 72시간이 지나서가 아니라 '________ 날' 에 부활하셨습니다.

예수님의 부활은 죽은 몸이 부활한 ___의 부활입니다.

예수님의 부활하신 몸은 영광스러운 몸이었습니다.

⑥ 승천: '하늘에 오르사'

부활 후 40일 동안 계시다가 제자들이 보는 앞에서 구름을 타고 승천하셨습니다. 예수님의 승천은 ______ 승천을 말합니다.

예수님의 육체가 땅에서 하나님이 계신 ___에 들어가셨습니다.(히 9:24)

⑦ 하나님 우편에 앉으심: '전능하신 하나님 우편에 앉아 계시다가'

이것은 왕의 보좌에 앉으셔서 ___하고 계신다는 의미입니다.

'앉아 계시다가' 는 현재형으로 지금도 계속 '앉아 계신다' 입니다.

또한 천상에서 ________으로 우리를 위하여 간구하고 계십니다.(히 7:25)

⑧ 심판주로 재림: '저리로서 산 자와 죽은 자를 심판하러 오시리라'

'저리로서' 는 '거기로부터' , '거기서부터' 의 옛말입니다.

초림에 대한 약속이 성취된 것과 같이 재림도 반드시 성취될 것입니다.

초림은 낮은 모습으로 오셨지만 재림은 영광스러운 모습으로 오십니다.

재림하실 예수님은 살아 있는 자와 죽은 자를 심판하실 심판주로 오십니다.

주님은 ___로 심판하실 것이고 심판의 결과 지옥 불에 들어가게 됩니다.

재림의 날은 주의 날로 심판의 날이지만 우리에게는 ___의 날입니다.

초대교회 성도들은 마라나타의 신앙으로 재림을 간절히 기다렸습니다.

3) 성령 하나님: '성령을 믿사오며'

① 성령님은 하나님이십니다.(행 5:3-4)

② 예수님이 가서서 성령님을 보내 주셨습니다.(요 16:7, 행 2:33)
③ 성령님은 보혜사로 위로자이십니다.
④ 성령께서는 생명과 능력과 은사를 주십니다.
나머지 5개 조항에도 성령께서 역사 하심으로 성령의 사역으로 분류
합니다.

　4) 교회: '거룩한 공회와'
성령께서 오셔서 교회를 말씀으로 다스리시며 확장시키십니다.
① 거룩한 교회란 세상에서 구별하여 하나님께 ＿＿ 교회를 뜻합니다.
② '공회' 란 가톨＿교회라는 의미로 세계적이고 보편적이고 하나인
교회를 뜻합니다. 우리는 거룩한 보편적이고 하나인 교회만 믿습니다.
교회는 성령의 하나 되게 하신 것을 힘써 지키고 차별이 없어야 합니다.
천주교는 교회 제도에 교회의 하나 됨을 두는 반면, 개신교는 선지자들
과 사도들의 ＿＿ 위에 세워진 모든 교회를 영적으로 하나로 봅니다.

　5) 성도들의 교제(사귐): '성도가 서로 교통하는 것과'
교통이란 '코이노니아' 로 교제, 참여, 동참, 협동, ＿＿ 등을 말합니다.
성령으로 말미암은 횡적인 관계인 성도의 교제를 의미합니다.
성도들은 거룩하고 보편적이며 하나 된 교회에 모여 서로 교제를 나눕
니다.
성도들이 서로 기쁨과 슬픔을 함께 하는 교제를 나누어야 합니다.

　6) 사죄(속죄): '죄를 사하여 주시는 것과'
죄 용서의 약속은 ＿＿도 안하시고 도말해 주시겠다고 하셨습니다.
죄 용서의 근거는 예수님이 흘리신 언약의 ＿입니다.(마 26:28)
죄 용서의 조건은 회개(눅 24:47)와 ＿＿(막 2:5)입니다.

　7) 부활: '몸이 다시 사는 것과'
예수님이 잠자는 자들의 첫 열매가 되셔서 예수님의 부활은 우리의 부
활을 보증해 줍니다.

예수님이 재림하실 때 죽은 자들은 육체가 부활하여 주님을 만날 것이고 살아 있는 자들은 ____되어 주님을 만날 것입니다.

예수님을 죽은 자 가운데서 살리신 성령께서 우리의 죽은 몸도 살리실 것입니다.(롬 8:11)

성도들은 예수님과 같은 영광스러운 몸으로 부활할 것입니다.(빌 3:21)

  8) 영생: '영원히 사는 것을 믿사옵나이다'

신조이므로 '믿사옵나이다' 를 '믿는다' 로 번역해야 합니다.

영생은 하나님과 예수님이 가지고 계신 생명으로 ____ 자에게 주십니다.

부활의 생명을 가진 자는 주님과 함께 영원히 살 것입니다.(살전 4:17)

우리는 영생을 소유하고 있기 때문에 영원히 살 수 있는 것입니다.

  • 아멘

사도신조의 내용을 동의하고 수용하고 ____하고 믿는다는 뜻입니다.

1. 사도신조란 무엇입니까? 사도신조의 목적은 무엇입니까?

____

2. 사도신조가 기도가 아닌 이유가 무엇입니까?

____

3. 나는 사도신조의 내용을 다 믿습니까?

  내가 믿지 못하는 것이 있다면 무엇이고 그 이유는 무엇입니까?

____

4. 내가 사도신조에 대해서 새롭게 깨달은 것을 무엇입니까?

  내가 고쳐야 할 것이 있다면 무엇입니까?

____

이 과를 마치면서

1. 교회에서 사도신조가 바르게 사용되도록 기도하십시오.

소감 및 깨달은 말씀

7. 십계명

"여호와께서 두 돌판을 내게 주셨나니 그 돌판의 글은 하나님이 손으로
기록하신 것이요 너희의 총회 날에 여호와께서 산상 불 가운데서
너희에게 이르신 모든 말씀이니라" (신 9:10)

십계명은 출애굽기 20장과 신명기 5장에 기록되어 있습니다.
십계명이란 용어는 열 말씀(열 마디 말씀- 신 4:12)이란 뜻입니다.

1. 십계명의 요약

사랑	하나님의 사랑	대신관계	1 계명	예배대상	하지 말라	믿음
			2 계명	예배방법	하지 말라	
			3 계명	예배___	하지 말라	
			4 계명	예배시간	하라	
	이웃사랑	대인관계	5 계명	부모공경	하라	행함
			6 계명	이웃생명	하지 말라	
			7 계명	이웃___	하지 말라	
			8 계명	이웃재산	하지 말라	
			9 계명	이웃___	하지 말라	
			10 계명	이웃___	하지 말라	

2. 십계명의 개요

1) 십계명의 중요성

① 하나님이 시내산에 강림하여 불 가운데서 직접하신 말씀입니다.(출

19:18)

② 하나님이 직접 손가락으로 ______에 기록해 주신 말씀입니다.(신 9:10)

③ 법궤 속에 넣어 보관하였습니다.(출 25:16)

④ 모든 율법의 핵심내용으로 모든 율법을 요약한 것입니다.

2) 십계명은 애굽에서 구원하신 후 주신 하나님의 ____의 말씀입니다.

(출 20:2) 나는 너를 애굽 땅, 종 되었던 집에서 인도하여 낸 네 하나님 여호와 니라

3) 십계명은 언약 백성이 지키고 살아가야 할 언약법으로 주셨습니다.

4) 시내산 언약은 오늘 우리와 세운 언약입니다.(신 29:15)

5) '너는—말지니라', '너는—말라' 는 명령으로 나에게 주시는 말씀입니다.

6) 십계명은 크게 대신관계와 대인관계로 말할 수 있습니다.(마 22:37-40)

7) '하라' 와 '하지 말라' 는 하나님의 명령으로 절대적인 ___을 요구합니다.

'하라' 는 명령을 시행한다면 '하지 말라' 는 명령은 하지 않게 됩니다.

8) 십계명은 멀리 있고 지키기에 어려운 것이 아닙니다.(신 30:11, 14)

9) 신약에서 계명은 폐기되지 않고 더욱 ___되었습니다.(마 5:17, 28)

10) 예수님께서도 십계명을 인용하여 지키라고 하셨습니다.(막 10:19)

11) 계명의 목적

① 하나님의 거룩하심을 나타내 줍니다.

또한 우리의 구원의 방편이 아니라 ________을 하도록 주신 것입니다.

② 죄를 깨닫게 하고 회개하게 합니다.(롬 3:20, 7:13)

③ 그리스도께로 인도하는 몽학선생의 역할을 합니다.(갈 3:24)

12) 계명은 서로 연관되어 있어서 하나를 범하면 다 범한 것입니

다.(약 2:10)

13) 십계명은 항구적인 법으로 신약에서는 근본정신대로 지켜야 합니다.

14) 계명을 지키는 방법

① 적극적으로 ＿＿＿하면 율법을 성취해 가고 완성해 가게 됩니다.(갈 5:14)

② ＿＿＿의 능력으로 계명을 지킬 수 있습니다.

15) 순종하면 복을 받고(신 5:29, 33) 불순종하면 저주를 받습니다.(신 28:15)

3. 십계명의 내용

1. 제 1계명

(출 20:3) 너는 나 외에는 다른 신들을 네게 두지 말라

1계명은 모든 계명의 근본으로 가장 으뜸가는 계명입니다.

1계명을 잘 지킨다면 다른 계명도 잘 지키게 됩니다.

1) 적극적으로 ＿＿＿＿＿ 하나님만 네게 있게 하라(신 6:4)

2) 소극적으로 다른 신들을 네게 있게 말라(신 4:39)

하나님 이외에는 다 피조물인데 인간이 ＿＿＿＿＿을 신으로 섬기는 것입니다.

2. 제 2계명

(출 20:4) 너를 위하여 새긴 우상을 만들지 말고 또 위로 하늘에 있는 것이나 아래로 땅에 있는 것이나 땅 아래 물 속에 있는 것의 어떤 형상도 만들지 말며

(출 20:5) 그것들에게 절하지 말며 그것들을 섬기지 말라 나 네 하나님 여호와는 질투하는 하나님인즉 나를 미워하는 자의 죄를 갚되 아버지로부터 아들에게로 삼사 대까지 이르게 하거니와

(출 20:6) 나를 사랑하고 내 계명을 지키는 자에게는 천 대까지 은혜를 베푸느니라

　　1) 하나님은 영이시므로 보이는 우상이나 형상을 만들지 말고 섬기지 말라

형상을 조각하거나 부어만들거나 그림으로 만들어 섬기는 것은 우상숭배입니다.(신 4:16-18) 그러나 ＿＿＿＿＿ 위한 목적이 아닌 동상과 장식품과 예술품과 같은 형상은 만들 수 있습니다.

보이는 것뿐만 아니라 하나님보다 더 사랑하는 것은 다 우상입니다.(골 3:5)

　　2) 우상숭배를 금하는 이유는 ＿＿＿ 하는 하나님이시기 때문입니다.

하나님은 우상숭배 하는 자를 ＿＿＿＿＿까지 갚으시지만 은혜는 영원합니다.

3. 제 3계명

(출 20:7) 너는 네 하나님 여호와의 이름을 망령되게 부르지 말라 여호와는 그의 이름을 망령되게 부르는 자를 죄 없다 하지 아니하리라

하나님의 이름은 하나님 ＿＿＿을 나타냅니다.

'망령되이' 는 '헛되게' '거짓되게' 말하지 말라는 의미입니다.

망령되이 일컫는 자는 죄가 되어 심판을 받습니다.

여호와의 이름을 훼방하면 죽임을 당했습니다.(레 24:16)

적극적으로 하나님의 이름에 영광 돌리도록 하라는 것입니다.

하나님의 이름을 망령되이 하는 것 중에 거짓 맹세나 헛된 ＿＿＿이 있습니다.

4. 제 4계명

(출 20:8) 안식일을 기억하여 거룩하게 지키라

(출 20:9) 엿새 동안은 힘써 네 모든 일을 행할 것이나

안식일을 거룩히 지키며 안식하기 위해서는 엿새 동안 힘써 일해야 합니다.

(출 20:10) 일곱째 날은 네 하나님 여호와의 안식일인즉 너나 네 아들이나 네 딸이나 네 남종이나 네 여종이나 네 가축이나 네 문안에 머무는 객이라도 아무 일도 하지 말라

여호와의 안식일을 _______ 지키기 위하여 아무 일도 하지 않는 것입니다.

종들도 안식하면서 하나님을 예배할 수 있도록 해야 합니다.(신 5:14)

(출 20:11) 이는 엿새 동안에 나 여호와가 하늘과 땅과 바다와 그 가운데 모든 것을 만들고 일곱째 날에 쉬었음이라 그러므로 나 여호와가 안식일을 복되게 하여 그 날을 거룩하게 하였느니라

안식일은 출애굽 이후에는 창조와 ＿＿을 감사하며 지켰습니다.(신 5:15)

안식일은 언약의 표징으로 지켜져야 합니다.(출 31:13)

안식일은 하나님을 예배하고 영육 간에 ＿＿하기 위한 것입니다.

안식일은 하나님이 복 주신 날이고 거룩하게 하신 날입니다.

신약에서는 예수님의 부활로 안식일이 성취되었으므로 주일을 지킵니다.

5. 제 5계명

(출 20:12) 네 부모를 공경하라 그리하면 네 하나님 여호와가 네게 준 땅에서 네 생명이 길리라

1) 효도의 중요성

① 십계명의 한 가운데 있는 계명으로 계명의 중심입니다.

② 대인계명의 첫 계명으로, 5계명에만 ＿＿＿이 주어져 있습니다.

③ 예수님도 5계명을 중요하게 여기셨습니다.(마 15:4)

2) 효도의 대상

① 좁은 의미로는 나를 낳아 주신 분입니다.

② 넓은 의미로는 가정에서 육신의 부모, 국가에서 _____, 교회에서 성직자들, 연륜으로 보아 윗사람들, 직장에서 주인들이라고 말할 수 있습니다.

　3) 효도의 이유

① 하나님의 ___으로 주셨기 때문입니다.(신 5:16)

② 효는 자연적인 본성에 속하는 일이기 때문입니다.(엡 6:1)

③ 주님을 _____ 하는 일이기 때문입니다.(골 3:20)

④ 부모님의 은혜와 사랑에 보답하기 위해서입니다.

⑤ 예수님도 부모 공경의 모범을 보여 주셨습니다.(눅 2:51)

　4) '네 부모를 공경하라' 고 하셨는데 어떻게 공경해야 합니까?

① 부모님을 ___하고 존경하고 ___하고 순종하고 섬겨야 합니다.

② 가장 큰 효도는 부모님을 예수 믿게 하여 구원하는 일입니다.

③ 부모님께 불평하거나 반항하거나 비웃거나 멸시하는 것은 불효입니다.

　5) 효도는 장수할 뿐만 아니라 잘 된다는 복을 약속하셨습니다.(엡 6:3)

6. 제 6계명

(출 20:13) 살인하지 말라

인간은 하나님의 형상대로 지음 받은 존엄한 존재입니다.

살인은 하나님의 ___을 파괴하는 것입니다.

예수님은 천하보다 귀한 생명의 존귀성을 말씀하셨습니다.(막 8:36)

하나님이 생명의 주인으로 타인이나 자신의 ___을 귀중히 하라는 것입니다.

자살, 낙태, 흡연, 음주도 살인에 속합니다.

형제에게 분내거나 미워하는 것도 살인이라고 말합니다.(요일 3:15)

7. 제 7계명

(출 20:14) 간음하지 말라

간음이란 모든 _______ 성관계를 말합니다.

마음으로 음욕을 품어도 이미 간음한 것입니다.(마 5:28)

간음죄는 사형에 해당하는 무서운 죄입니다.(레 20:10)

음행은 _______을 더럽히는 것이고 성전을 더럽히면 멸하십니다.

소돔 고모라의 멸망은 성적 타락의 결국을 교훈해 주고 있습니다.

7계명은 적극적으로 순결하라는 말씀입니다.

순결하기 위하여 혼인을 귀히 여기고 가정의 순결을 지켜 나가야 합니다.

8. 제 8계명

(출 20:15) 도둑질하지 말라

____의 소유권에 관한 유일한 계명입니다.

8계명은 타인의 소유와 권리를 침해하는 것입니다.

직접적으로 타인의 것을 훔치는 것과 간접적으로 타인이 어떤 물건을
소유하고자 할 때 ___하는 것도 포함됩니다.

거짓 방법, _______, 부당이득, 뇌물, 도박 등으로 취하는 것을 포함합
니다.

적극적으로 다른 사람과 나누기 위해 열심히 일해야 합니다.(엡 4:28)

9. 제 9계명

(출 20:16) 네 이웃에 대하여 거짓 증거하지 말라

9계명은 ___ 하는 죄입니다.

법정에서 거짓 증거나 거짓 증인이 되는 법정용어입니다.

타인을 가해하거나, 자신의 이익을 위해서 거짓 증거해서도 안됩니다.

____으로 침묵하며 진술치 않는 것도 죄라고 하였습니다.(레 5:1)

악인을 의롭다 하고 의인을 죄 있다고 하는 것은 거짓 증거입니다.(사 5:23) 거짓 맹세는 하나님께 거짓을 행한 것이 됩니다.

모든 거짓말을 하지 않는 것이고 적극적으로 ____만을 말하는 것입니다.

10. 제 10계명

(출 20:17) 네 이웃의 집을 탐내지 말라 네 이웃의 아내나 그의 남종이나 그의 여종이나 그의 소나 그의 나귀나 무릇 네 이웃의 소유를 탐내지 말라

탐심은 마음으로 짓는 죄로 죄의 근원이고 결국은 사망에 이릅니다.(약 1:15)

탐심은 근본적인 죄로서 _____ 전체를 범하는 죄의 뿌리입니다.

탐심의 대상은 이웃의 소유입니다.

적극적으로 이웃을 사랑하면 탐심을 극복하게 됩니다.

우리는 있는 것으로 만족하고 ____하는 삶을 살아야 합니다.(히 13:5)

1. 십계명이 중요한 이유가 무엇입니까?

____

2. 십계명을 주신 목적이 무엇입니까?

____

3. 내가 왜 십계명을 지켜야 한다고 생각합니까?

   내가 십계명에 대해서 새롭게 깨달은 것은 무엇입니까?

____

4. 계명을 성취하기 위해 내가 적극적으로 실천해야 할 것은 무엇입니까?

____

이 과를 마치면서

1. 십계명을 외우고 성령의 능력으로 사랑하며 실행하도록 기도
   하십시오.

소감 및 깨달은 말씀

출 석 부

제   권   제자양육, 훈련, 무장 과정   단계

출석 ⟋8 – 지각   예습 │A,B,C 중│   기도 │5번│ 일 : 10분 이상

날짜	과	이 름	출 석	예 습	성경읽기	기 도	큐 티	암 송	과 제	인도자

| 제자 양육 과정 5단계(35과) |

1권 110 제자 양육 1단계(7과): 그리스도의 복음

2권 120 제자 양육 2단계(7과): 그리스도인의 성장

3권 130 제자 양육 3단계(7과): 그리스도인의 새생활

4권 140 제자 양육 4단계(7과): 그리스도의 교회

5권 150 제자 양육 5단계(7과): 그리스도인의 예배

| 제자 훈련 과정 5단계(35과) |

6권 210 제자 훈련 1단계(7과): 그리스도인의 새생명

7권 220 제자 훈련 2단계(7과): 그리스도인의 확신

8권 230 제자 훈련 3단계(7과): 그리스도인의 생활

9권 240 제자 훈련 4단계(7과): 그리스도의 교리

10권 250 제자 훈련 5단계(7과): 그리스도인의 성숙

| 제자 무장 과정 5단계(35과) |

11권 310 제자 무장 1단계(7과): 그리스도의 제자

12권 320 제자 무장 2단계(7과): 그리스도인의 성품

13권 330 제자 무장 3단계(7과): 그리스도의 제자도

14권 340 제자 무장 4단계(7과): 그리스도인의 사역

15권 350 제자 무장 5단계(7과): 그리스도인의 지도력

우리는 평신도를 제자화하여 하나님의 나라를 확장한다.

1. 1992.1.28. 마태복음 9:35-38에 예수님이 모든 도시와 마을에 두루 다니사 가르치시며(teaching ministry) 전파하시며(preaching ministry) 고치시는(healing ministry) 사역을 하신 것을 통하여 두루선교에 대한 비전을 주셨다.

2. 우리는 교회를 중심한 제자훈련을 열심히 실시하여 왔으며 우리의 목표는 평신도를 제자화하여 하나님 나라를 확장하는 것이다.

3. 2004. 9.5. 창대교회에서 두루선교대회를 개최하여 캠퍼스 간사와 리더들과 평신도 리더들을 파송하고 지부와 교회 사역자들과 후원 이사들을 위촉하였다.

4. 두루제자훈련원 세미나는 2004년 12월 겨울학기부터 시작하게 되었는데 1년 7학기로 정기세미나를 실시하고 있다.
   1) 초봄 학기: 2월~3월 7주　　4) 여름 학기: 8월 집중　　7) 겨울학기: 1월 집중
   2) 봄 학기: 4월~5월 7주　　5) 가을 학기: 9월~10월 7주
   3) 늦봄 학기: 6월~7월 7주　　6) 늦가을학기: 11월~12월 7주

5. 현재 세미나는 목회자반과 평신도반이 개설되어 있으며 캠퍼스는 연세대, 서울대, 이화여대 등 여러 대학에서 사역하고 있다.

6. 두루제자훈련원 중점 사역들(교회 중심의 제자훈련)
   1) 단계별 소그룹 성경공부
      ① 제자양육과정(5단계: 35과)
      ② 제자훈련과정(5단계: 35과)
      ③ 제자무장과정(5단계: 35과)
   2) 주제별(연역적인 방법) 성경강의(100 Topics)
   3) 책별(귀납적인 방법) 성경연구(신구약 66권)
   4) 제자수련회를 통한 영성훈련

7. 세미나 및 교재에 대한 문의
   두루제자훈련원 평생 전화/ 0505-500-0505
   이메일 · duru@hanmail.net　홈페이지 · www.durums.org
   해외나 멀리 계신 분은 인터넷으로 통화할 수 있습니다.

8. 해외나 지역, 교회, 캠퍼스, 직장 등에서 제자훈련 사역을 하실 분은 연락 바랍니다.

9. 등록 및 후원 입금계좌: 신한은행 110-115-963454 (계좌명: 두루선교회)

저자 이문선 목사

총신대학교 신학대학원 3년 재학 중 제자훈련을 연구하여 논문을 작성하였고 캘리포니아신학대학원에서 제자훈련 논문을 출판하였다. 비브리칼신학대학원 목회학 박사과정 논문을 준비하고 있으며 지금까지 20년 이상 제자훈련을 연구하며 실시하고 있다. 현재 대한예수교장로회 총회(합동) 서울북노회 창대교회(일산) 담임목사로 섬기고 있으며 프리셉트 전문 강사로 일산을 중심으로 1998년부터 8년째 90학기(10주 과정) 정도 신구약 성경을 강의하였다. 두루제자훈련원(두루선교회)을 설립하여 2004년 12월부터 1년 7학기로 정기세미나를 인도하고 있으며 현재 목회자반과 평신도반을 강의하고 있고 연세대와 서울대와 이화여대를 중심으로 캠퍼스 사역을 실시하고 있다.

논문: 제자훈련의 이론과 실제
교재: 두루제자화 과정

제1권 110 제자양육 1단계 그리스도의 복음	제2권 120 제자양육 2단계 그리스도인의 성장
제3권 130 제자양육 3단계 그리스도인의 새생활	제4권 140 제자양육 4단계 그리스도의 교회
제5권 150 제자양육 5단계 그리스도인의 예배	제6권 210 제자훈련 1단계 그리스도인의 새생명
제7권 220 제자훈련 2단계 그리스도인의 확신	제8권 230 제자훈련 3단계 그리스도인의 생활
제9권 240 제자훈련 4단계 그리스도의 교리	제10권 250 제자훈련 5단계 그리스도인의 성숙
제11권 310 제자무장 1단계 그리스도의 제자	제12권 320 제자무장 2단계 그리스도인의 성품
제13권 330 제자무장 3단계 그리스도의 제자도	제14권 340 제자무장 4단계 그리스도인의 사역
제15권 350 제자무장 5단계 그리스도인의 지도력	

두 루 제 자 훈 련 원   제 자 화   과 정
제5권 제자양육 5단계 그리스도인의 예배
초판1쇄 발행일 | 2006년 1월 23일
재판5쇄 발행일 | 2025년 1월 22일

지은이|이문선 펴낸이|김학룡 펴낸곳|엔크리스토
마케팅|유영진, 조형준 관리부|강주영, 황동주, 정원모
교정|김의수, 임유진 표지그림|진형주

출판등록|2004년 12월 8일(제2004-116호)
주소| 경기도 고양시 일산동구 장항동 585-2
전화|(031) 906-9191 팩스|0505-365-9191
이메일|9191@korea.com
공급처|(주)기독교출판유통

ISBN 89-92027-05-2 04230
       89-92027-02-8(세트)

● 잘못된 책은 바꾸어 드립니다.
● 이 교재의 사용 방법, 내용, 훈련, 세미나에 대한 문의는 두루제자훈련원(0505-500-0505)으로 해주시면 최선을 다해 도와드리겠습니다.